在時間的核中

En la entraña del tiempo

在時間的核中

卡柔·布拉喬詩選

程弋洋　譯

EN LA ENTRAÑA DEL TIEMPO

Antología poética de Coral Bracho

Traducida por Cheng Yiyang

中文大學出版社
THE CHINESE UNIVERSITY PRESS

本書出版承蒙周凱旋基金會支持，
謹此致謝。

■ 國際詩人在香港

《在時間的核中：卡柔‧布拉喬詩選》
　　卡柔‧布拉喬 著
　　程弋洋 譯

© 香港中文大學 2015

國際統一書號 (ISBN)：978-962-996-720-8

出版： 中文大學出版社
　　　 香港 新界 沙田‧香港中文大學
　　　 傳真：+852 2603 7355
　　　 電郵：cup@cuhk.edu.hk
　　　 網址：www.chineseupress.com

■ INTERNATIONAL POETS IN HONG KONG

In Time's Core: Selected Poems of Coral Bracho
　　(in Spanish and Chinese)
　　By Coral Bracho
　　Translated by Cheng Yiyang

© The Chinese University of Hong Kong 2015
D.R. © 2015, Coral Bracho
D.R. © Ediciones Era, México

ISBN: 978-962-996-720-8

Published by　The Chinese University Press
　　　　　　　The Chinese University of Hong Kong
　　　　　　　Sha Tin, N.T., Hong Kong
　　　　　　　Fax: +852 2603 7355
　　　　　　　E-mail: cup@cuhk.edu.hk
　　　　　　　Website: www.chineseupress.com

Printed in Hong Kong

「國際詩人在香港」總序

　　香港中文大學從2010年秋天起，每年邀請兩位國際詩人來港訪問，逗留兩週左右。在詩人訪問之前，我們特邀有關專家主持工作坊，對詩人的作品進行導讀分析。在詩人訪問期間，舉辦多種形式的詩歌活動，包括朗誦會、專題研討會、與香港詩人及大中學生的座談會。

　　我們為每位國際詩人出版一本雙語對照詩集。這套叢書具有經典性意義，對香港以至漢語世界會產生深遠影響。編選原則如下：一、第一流國際性詩人的代表作；二、深諳原文與詩歌的優秀譯者；三、母語與譯文的嚴格對照。

　　我謹代表香港中文大學，感謝各位來訪的國際詩人和譯者，感謝香港中文大學出版社；當然還要感謝讀者，你們的參與正是改變香港文化生態的共同承諾。

北　島

2015年7月3日

Coral Bracho

卡柔·布拉乔

目 錄

ESE ESPACIO, ESE JARDÍN 《那空間，那花園》(2003)

ESTA PALABRA OCULTA ABRE SU SELVA
《這晦澀言語打開了它的雨林》(2005)

CUARTO DE HOTEL 《酒店房間》(2007)

SI RÍE EL EMPERADOR 《如果皇帝笑了》(2010)

譯者前言

程戈洋

　　1951年出生的卡柔・布拉喬是墨西哥當代最重要的女詩人,也是拉美新巴羅克詩歌的代表人物。拉丁美洲的巴羅克詩風由來已久,最遠可以追溯到十七世紀的西班牙巴羅克詩歌。曾經的殖民地在宗主國身後學步間,幻化出了自己的風采。但是拉美新巴羅克詩歌不僅繼承了西班牙語中的巴羅克詩歌傳統,還借鑑了美國「語言派詩學」,單從詩歌聲音和形式維度來考察,可能是後者的影響更甚。

　　古巴的何塞・萊薩馬・利馬(José Lezama Lima)是拉美新巴羅克詩歌的奠基人,也是對布拉喬詩歌創作影響最大的二十世紀詩人。萊薩馬本人因為同性戀傾向而被卡斯楚體系長期邊緣化,他的詩歌也因其對句法和語詞所指的顛覆性破壞,而在漢語語境中未見譯介。

　　作為萊薩馬詩學理念的認同者和追隨者,布拉喬的詩歌中,語法自己遁走,詩句由節奏和韻律來推動和構建。語詞所指模糊,一望無際的 su(西班牙語物主形容詞),究竟是「他的」、「她的」、「它的」,抑或是「他們的」、「她們的」還是「它們的」,令譯者數夜難眠。

　　新巴羅克追求的是「語言的想像力」。自我指涉的夢遊症、悖論式的可能性、封閉意義的多源性,都是新巴羅克詩歌的典型特徵。新巴羅克詩歌將傳

統句法轉變為一場飽含複雜性的遊戲。詩人們認為「世界上不存在脫離語言的思考，只有在語言中，才能思考」。

布拉喬的詩歌，曾經被早期評論家貼上了「情色主義」的標籤。但是，布拉喬的情色主義是「語言的過度豐盛」。甚至有評論家認為，她是年輕一代中唯一不情色的女詩人。對語言自身魅力的充分挖掘，對句法的毀滅性破壞，極度新穎的形式，讓布拉喬的詩歌創作走出身體很遠。

布拉喬繼承了萊薩馬詩歌語言的豐盛繁茂，在〈潤滑邊緣之水〉中依靠語言的韻律與內涵，同時賦予了水中生命以可視感和可觸感：

> 水母繁生之水，
> 乳狀之水，曲折之水，
> 潤滑邊緣之水；濃郁的玻璃——在歡悅的輪廓裏
> 溶解。水——奢華之水
> 回轉，消沉。

這首詩想要言說甚麼？只是對水的描述嗎？還是對情色體驗的隱喻？布拉喬享受著語言的力量與歡愉，來展示一個想像中的水之世界。詩歌語言不僅僅描述了水，它自身也成為了水的一部分。覆蓋全詩的 ua ua ua 語音，如同水波聲在耳邊拂過。

布拉喬追求詩歌的內化，對生命和死亡之間的充滿活力的對話興致勃勃。廢墟、夜晚和夢，是布拉喬詩歌意象的基本元素：

> 那是溫柔驕縱的夜晚，它密實的心靈中
> 開鑿著美玉。
> 庭院的流動

和虛掩處。夜色中美洲豹
穿梭的眼：
眨眼是夢，
再眨眼則是純粹溫柔歌唱的死亡。

布拉喬的詩歌受失去的意識驅趕，而體現出勃
勃生機。失去以自傳的形式，出現在〈時間的輪廓〉
中。童年時期早逝的父親成為了該詩的主角：

父親的目光和華彩中
包裹著琥珀的溫暖。
他走近。將我擁入懷中。
我們的身影在岸前傾斜。他放下我。
牽起我的手。伴隨其中的，
沉默的歡愉，
晦澀的昏暗，
與充分的燃燒。

而長詩〈那空間，那花園〉更是直接獻給了父
親，逝者們在詩中粉墨登場。對人類存在脆弱性的
迷戀，是西班牙黃金世紀巴羅克詩歌的突出特點。
克維多在詩中一再吟唱「誕生之刻我們便開始死
亡」、「我們是死亡的永恆組成」。

因為死亡，已經嵌入在生命旋轉的
心靈中，
它的頂點。生命因死亡而開始，並在死亡中
開拓出新的領土。

在庭院的邊緣，
在檸檬樹的寂靜下，

死亡溫柔地吟唱。
以母親般的灼熱唱給
那正在傾聽的人。

作為一名拉丁美洲詩人，對於自己腳下土地的眷戀、欣賞和承諾，同樣流淌在布拉喬筆下。〈印第安話語〉是對土著語言的認同和惋惜。拉美大陸所特有的植物九重葛、鳳凰木一再於詩中現身。印第安神獸美洲豹更在長詩的夜色和寰宇中穿梭，是一個遊走在生命和死亡中的曖昧意象。

最新出版的《如果皇帝笑了》更突顯了布拉喬的日益內化，探尋人類靈魂深處的雙重性與不斷裂變：

熊來到集市
在這裏端詳我們，我們想要駕馭
和觀察它的舉動：不安而粗壯的雙爪
揮舞在玻璃間。

這頭端詳著我們的熊，張牙舞爪的熊，正是另一個需要我們駕馭和引導的自我：

或許在鏡頭翻轉處
我們看到了走鋼索者面前平靜的光。因為他
我們猶豫。因為他我們鬆開了手中的纖細長竿。
我們感受到了時間，在他身上
搖擺。

而鋼索遊走者投射的，正是日日在不同自我間搖擺和抉擇的人類。我們在鋼索上，在可能跌落的威脅中，經受著心靈的磨難。人類的複雜性，既給了生命以豐盛，也是無數痛苦煩擾的源頭。

能夠編譯這本西班牙語和漢語雙語的卡柔·布拉喬詩選是我的榮幸，也是件既充滿詩意和樂趣又具挑戰性和難度的工作。在此特別感謝專案策劃人北島老師的信任與委託。其次要感謝布拉喬本人在選詩、翻譯和定稿過程中的積極配合與幫助。還想感謝本年度墨西哥國立自治大學客座北大的陶洛安教授，在原文的進入和把握上，對我的耐心引導。最後要感謝詩友王一，在譯文意象和語感的把握上，陪我推敲和探討，貢獻良多。

EN LA ENTRAÑA DEL TIEMPO

Antología poética de Coral Bracho

在時間的核中

卡柔・布拉喬詩選

PECES DE PIEL FUGAZ (1977)

《暫棲之膚的魚》(1977)

De sus ojos ornados de arenas vítreas

Desde la exhalación de estos peces de mármol,
desde la suavidad sedosa
de sus cantos,
de sus ojos ornados
de arenas vítreas,
la quietud de los templos y los jardines

(en sus sombras de acanto, en las piedras
que tocan y reblandecen)

    han abierto sus lechos,
    han fundado sus cauces
    bajo las hojas tibias de los almendros.

Dicen del tacto
de sus destellos,
de los juegos tranquilos que deslizan al borde,
a la orilla lenta de los ocasos.
De sus labios de hielo.

Ojos de piedras finas.

De la espuma que arrojan, del aroma que vierten

(En los atrios: las velas, los amarantos.)
sobre el ara levísima de las siembras.

它們華麗水晶沙灘的眼睛

從這些大理石魚的呼吸，
從它們光滑絲綢
的歌曲，
從它們華麗水晶沙灘
的眼睛，
沉靜的花園和廟宇

（在它們爵床葉的陰影中，在葉岩裏
　它們輕觸，軟化）

　　在杏樹的嫩芽之下
　　它們曾打開床鋪，
　　疏通水渠。

它們訴說它們的觸覺
在閃耀，
安靜的遊戲行進到了尾聲，
落日慵懶的圓暈。
它們冷漠的嘴唇。

寶石眼睛。

它們吹出的泡沫，它們釋放的芬芳

（在天井中：蠟燭，不凋花。）
在套種的田野裏越過脆弱的祭壇。

(Desde el templo:
el perfume de las espigas,
las escamas,
los ciervos. Dicen de sus reflejos.)

En las noches,
el mármol frágil de su silencio,
el preciado tatuaje, los trazos limpios

(han ahogado la luz
a la orilla; en la arena)

sobre la imagen tersa,
sobre la ofrenda inmóvil
de las praderas.

（從神廟：
　　撲面的香氣，
　　天平，
　　鹿。訴說它們陡峭的倒影。）

在夜晚，
沉默不語的纖美大理石，
珍視的圖騰，古樸的輪廓

　　（它們曾浸透了光
　　在海濱，在沙灘）

超越了那草地的
清澈形象，
和它的恆長天資。

Tocan los vitrales ocultos

Los grillos (las termitas escubren
su discurso escarlata) cimbran por sus nombres los frutos,
los helechos. Tocan los vitrales ocultos
(las termitas recorren en silencio los ecos)
por el vaho vigilante,
la valla,
de altas noches en calma.

它們觸碰了秘密的彩色玻璃

蟋蟀們（白蟻們減弱了
它們猩紅色的爭論）果實因它們顫抖的名字而搖盪，
羊齒莧也是。它們觸碰了秘密的彩色玻璃
（白蟻們在靜謐中傳播回聲）
在垂直的，
高度平靜的夜晚，
在薄暮的警覺中。

EL SER QUE VA A MORIR (1981)

《向死的存在》（1981）

En esta oscura mezquita tibia

Coral Bracho

Sé de tu cuerpo: los arrecifes,
las desbandadas,
la luz inquieta y deseable (en tus muslos candentes la lluvia
    incita),
de su oleaje:
Sé tus umbrales como dejarme al borde de esta holgada,
    murmurante,
mezquita tibia; como urdirme (tu olor suavísimo, oscuro)
    al calor de sus naves.
(Tus huertos agrios, impenetrables) Sé de tus fuentes,
de sus ecos maduros y turbios la amplitud luminosa,
    fecunda;
de tu sueño espejeante, de sus patios:

Basta dejar a su fuego nocturno, a sus hiedras lascivas, a su
    jaspe inicial:
las columnas, los arcos;
a sus frondas (en un rapto suave, furtivo).
Basta desligarse en la sombra—olorosa y profunda—de
    sus tallos despiertos,
    de sus basas vidriadas y suaves:

Distendida, la luz se adentra, se impregna (como un
    perfume se adhiere
a los limos del mármol) a este hervor habitable; en tus
    muslos su avidez se derrama:
En sus nichos, en sus salas humeantes y resinosas,

在這神秘溫熱的清真寺

我知道你們的身體：礁石們，
散落的鳥，
光在尋找，並且煩擾（被雨水刺激的熾熱的腿），
你的波濤：
我知道你的門扉，似乎它們讓我進入這廣闊的邊際，
　　喃喃低語，
溫熱的清真寺；似乎它們將我（你溫柔神秘的香味）
　　織入它殿堂的熱量中。
（你發酵的，無法穿越的果園）我知道你的噴泉，
　　你的成熟和混亂的回聲，耀眼的廣闊和豐饒；
　　你鏡子般明亮的夢，你的露臺：

足以讓它進入它的夜火，到它淫蕩的常春藤，到它的
　　古玉：
廊柱，拱門；
到它的棕櫚樹（在冷酷的狂喜中，鬼鬼祟祟）。
足以釋放它──愉快並且深入地──進入
　　它警覺的蘆葦，
　　它光滑而透明的圓柱的陰影中：

伸展開，光迫近，它孕育自己（如同附著在
　　白堊質大理石上的
香氣）在生存的狂怒中；在你湧現著
　　熱情的腿上：
進入它的神龕，在它濕潤的琥珀沙龍裏，

deslizar. Vino, cardumen, manto, semillero:
este olor. (En tu vientre la luz cava un follaje espeso que
    difiere las costas, que revierte en sus aguas)

    Recorrer
(con las plantas ungidas: pasos tibios, untuosos: las faldas
    rozan en la bruma)
los pasajes colmados y palpitantes; los recintos:

En las celdas: los relentes umbrosos, el zumo denso,
visceral; de tus ingles:

(En tus ojos el mar es un destello abrupto que retiene su
    cauce
—su lengua induce entre estos muros, entre estas puertas)
    en los pliegues,
en los brotes abordables;

                                    Entregada al aroma,
    a los vapores azulados, cobrizos; el roce opaco de la
    piedra en su piel.

Agua que se adhiere, circunda, que transpira—sus bordes
    mojan irisados—que anuda
su olisqueante y espesa limpidez animal. Médanos, selva,
    luces; el mar acendra.
    Incisión de arabescos bajo las palmas. Vidrios. La red
de los altos vitrales crípticos. Lampadarios espumosos. Toca
    con el índice
el canto, los relieves, el barro (en la madera los licores se
    enroscan, se densifican,

滑行。葡萄酒，魚群，斗篷，苗床：
這氣味。（在你的腹部，光挖掘出茂密的植物
　　它們抵禦海岸，它們變成了水）

　　返回
（隨著膏狀的植物：溫熱的、油滑的步調：裙子
　　吃掉薄霧）
吵鬧而悸動的旅程；圍牆：

在牢房中：陰影的露珠，稠密的本能
衰竭；在你的腹股溝：

（在你的眼中，大海是堅守在大地上的閃耀的
　　花火
──它的舌頭慵懶地躺著，在這些牆，這些門之間）
　　在皺褶中，
在即將綻放的蓓蕾之中；

　　　　　　　　　　　　臣服於這氣味，
　　這藍銅色的水霧；這皮膚上不斷被沖刷的
　　石頭。

恆久的水，漩渦，泡沫──濕潤的
　　彩虹──不斷湧來的
強健飽滿的透明野獸。沙漠，森林，
　　光；大海濾清了一切。
　　棕櫚葉下垂的華麗花紋被切開。玻璃。網狀的
高大神秘的彩繪玻璃窗。落地燈泛起泡沫。一根手指
　　在觸摸
這邊緣，這浮雕，這泥（在木頭中迴圈，
　　凝結的烈酒，

reptan por los racimos alveolados, exudan);
el metal succionante de los vasos, el yeso, en el granito;
con los labios (lapsos frescos, esmaltados, entre la tibia,
     voluptuosa, ebriedad);
los mosaicos, la hiel
de las incrustaciones.

La mezquita se extiende entre el desierto y el mar.

En los patios:

El fulgor cadencioso (rumores agrios) de los naranjos;
     el sopor de los musgos, los arrayanes.

Desde el crepúsculo el viento crece, tiñe, se revuelve, se
     expande en la arena ardiente, cierne
entre las ebrias galerías, su humedad. Aceites hierven y
     modulan las sombras
en los espejos imantados. Brillo metálico en las paredes,
     bajo los ígneos dovelajes.

(Agua: hiedra que se extiende y refleja desde su lenta
     contención; ansia tersa, diluyente)

—Entornada a las voces,
a los soplos que cohabitan inciertos por los quicios—.
     Hunde en esta calma mullida,
en esta blanda emulsión de esencias, de tierra lúbrica;
     enreda, pierde entre estas algas;
secreta, hasta la extrema, minuciosa concavidad, hasta las
     hégiras entramadas,

Coral Bracho

它們滲透出旋轉的蜂窩，滲透著）：
玻璃上金屬的黏液，花崗岩上的灰泥；
用嘴唇（在溫熱的，艷麗的陶醉中
　　琺瑯質的，新的流逝）；
鑲嵌物上的，
馬賽克，針葉林。

　　　　清真寺從荒漠延伸到大海。

　　　　在露臺上：

　　　　倦怠的苔蘚，桃金娘樹
　　　　橘子樹（刺耳的傳聞）節奏盎然的光輝；

從暮光開始，風湧起，披掛色彩，攪動，飛向
　　被火把點燃的沙灘，飛往
亢奮的走廊，它的濕氣。在磁力的鏡子中
　　揮舞陰影
而油脂沸騰。在火成的拱石之下，在牆面上
　　閃耀著金屬的光芒。

（水：單純的渴望，逐漸消退；被常春藤
　　映現，被它覆蓋，成為它的部分）

——向聲音轉去，
向擁擠在門柱旁的朦朧的呼吸——。
　　陷入這彈性的平靜中，
陷入這淫蕩的大地，這本質的溫柔的乳液；
　　纏繞，迷失在海藻中，
秘密，在最遙遠的謹慎的凹陷處，在交織的
　　伊斯蘭教命運裏，

bajo este tinte, la noción litoral de tu piel. Celdas,

ramajes blancos. Bajo la cúpula acerada. Quemar (cepas,
helechos, cardos

en los tapices; toda la noche inserta bajo ese nítido crepitar)
los perfumes. Agua

que trasuda en los cortes de las extensas celosías. (Pasos
breves, voluptuosos.) Peldaños;

Azul cobáltico; Respirar entre la hierba delicuescente, bajo
esta losa; Rastros secos, engastados; Estaño

en las comisuras; sobre tus flancos: Liquen y salitre en las
yemas.

De entre tus dedos resinosos;

在這色彩之下，你皮膚上關於海濱的想像。墓穴，
白色樹枝。在蠟狀的圓屋頂下。去燃燒（葡萄藤，
　　羊齒莧，薊
在掛毯上；所有夜晚插入到清脆的爆裂聲中）
　　香味。水
流過張開的百葉窗的縫隙。（腳步
　　急促而魅惑。）樓梯臺階；
艷藍色；在溶化的草地上呼吸，在瓦片下；
　　乾燥的蹤跡，凝結；錫
在焊接點上；靠近你的側腹：苔蘚和硝石在你的
　　指尖上。
在你松香的手指間；

Me refracta a tu vida como a un enigma

Como un espejo translúcido
el profundo remanso abierto entre la sombra; lo convexo
a esta sed
de lo que bebo, que palpo como a una esfera en el recinto
    inextricable,
bajo el destello líquido. Voz

—De entre la danza y el ardor vesperal
Canto sutilísimo   Entre el verde de estupor, de placer
    —Lo que se enciende en la amplitud alta enlaza
en una manera nítida. —Lo que lo cimbra
El viento

y el vellón cenital entre las cuerdas del arpa eolia.
El eucalipto cristalino. Savia
en que se cifra
La calma
y la actitud del agua

De lo que bebo, que aprehendo como un reflejo de ese
contacto inexpugnable; la claridad de su raigambre en lo
nocturno luminoso, de su bóveda.

Lleno, hondo acorde transparente sobre los bosques como
    un bramido.

我穿行的你的生命如謎

如同穿行透明的鏡子
身影背後是無限延伸的漩渦，邊界處
有一個球體無法逃避，
我想觸摸的，我想向背後延伸的
　　渴望
潛入到閃光的液體的下面。聲音

——從舞蹈與傍晚的狂熱中
最溫柔的歌聲　　在恍惚與歡快的綠色之間
　——在激烈的變化中，甚麼點燃了它
生動的融合。——甚麼推動了它
風

以及風弦琴上纏繞的精緻的琴弦。
水晶的桉樹。平靜中的生氣
水的性情
被編成了
密碼

我所啜飲的，我在神秘的觸摸中
所領悟到的；在它的穹頂上，在如此夜光中
根深蒂固的澄澈。

像吼叫聲
完美，透徹地穿過整片森林。

En la oquedad continua del caracol; contra el cristal
    plomizo
—Tañen

las lajas de ébano
ante la hoguera que refleja
los ocres
circulares del canto; el trance—El talismán sentido bajo
    esas termas, ante esa luz—

Entre los bosques de abedules,
como una flama.

(—Los niños trazan su aullido líquido en las cortezas,
como un espectro vegetal)

—Las llamas liban de la noche, de sus raíces extendidas. —
    Su fluida
redondez, su acaecer—De lo que bebo, que palpo

貝殼中不斷變化的洞穴；擁擠著帶鉛的
　水晶
——它們奮力敲打

墨色石板上
反射的火焰
迴旋著
赭色的歌；在溫泉下，護身符感覺到的——恍惚
　　對立著光——

在白樺林裏，
彷彿火焰。

（——孩子們在犬吠中追蹤流動的叫聲，
　如同追蹤植物的幽靈）

——在這夜晚，在它漫長的根鬚中，火焰
　　去舔——它的液體
我所啜飲的，我所觸摸的——球體，正在形成

Agua de bordes lúbricos

Agua de medusas,
agua láctea, sinuosa,
agua de bordes lúbricos; espesura vidriante—Delicuescencia
entre contornos deleitosos. Agua—agua suntuosa
de involución, de languidez

en densidades plácidas. Agua,
agua sedosa y plúmbea en opacidad, en peso—Mercurial;
    agua en vilo, agua lenta. El alga
acuática de los brillos—En las ubres del gozo. El alga, el
    hálito de su cima;

—sobre el silencio arqueante, sobre los istmos
del basalto; el alga, el hábito de su roce,
su deslizarse. Agua luz, agua pez; el aura, el ágata,
sus desbordes luminosos; Fuego rastreante el alce

huidizo—Entre la ceiba, entre el cardumen; llama
pulsante;
agua lince, agua sargo (El jaspe súbito). Lumbre
entre medusas.
—Orla abierta, labiada; aura de bordes lúbricos,
su lisura acunante, su eflorescerse al anidar; anfibia,
lábil—Agua, agua sedosa
en imantación; en ristre. Agua en vilo, agua lenta—El
    alumbrar lascivo

潤滑邊緣之水

水母繁生之水，
乳狀之水，曲折之水，
潤滑邊緣之水；濃郁的玻璃——在歡悦的輪廓裏
溶解。水——奢華之水
回轉，消沉

在濃密的平靜中。水，
絲綢之水，與沉重暗淡的鉛——水銀；
　懸空之水，遲緩之水。閃亮的
水藻——歡樂的牛乳之哺。海藻，
　山峰上的生命之息；

——彎曲寂靜之上，玄武岩的
地峽之上；海藻，風化之息，
滑行。水之光，水中魚；聖者的光環，瑪瑙，
邊緣斷裂之光；追蹤逃逸的麋鹿

之火焰——木棉間，魚群中；火花
躍動；
猞猁之水，棘鰭之水（波動閃耀的大理石斑紋）。水母
間的光體。
——張開的唇形邊飾；潤滑邊緣的聖者光環，
光滑的搖擺，風化的巢穴，遲緩之水——淫蕩
　之光
磁化；甲冑之上。懸空之水，遲緩之水——
　淫靡的光亮

en lo vadeante oleoso,
sobre los vuelcos de basalto. —Reptar del ópalo entre la luz,
entre la llama interna. —Agua
de medusas.
Agua blanda, lustrosa;
agua sin huella; densa,
mercurial
   su blancura acerada, su dilución en alzamientos de grafito,
en despuntar de lisa; hurtante, suave.—Agua viva

su vientre sobre el testuz, volcado sol de bronce envolviendo
—agua blenda, brotante. Agua de medusas, agua táctil
fundiéndose
en lo añil untuoso, en su panal reverberante. Agua amianto, ulva
El bagre en lo mullido
—libando; en el humor nutricio, entre su néctar delicado;
   el áureo
embalse, el limbo, lo transluce. Agua leve, aura adentro el ámbar
—el luminar ungido, esbelto; el tigre, su pleamar
bajo la sombra vidriada. Agua linde, agua anguila lamiendo
   su perfil,
su transmigrar nocturno
—Entre las sedas matriciales; entre la salvia. —Agua

entre merluzas. Agua grávida (—El calmo goce
tibio; su irisable)—Agua
sus bordes

—Su lisura mutante, su embeleñarse
entre lo núbil
cadencioso. Agua,

油滑的路口，
穿越玄武岩的缺陷。——穿過光線滑動的貓眼石
穿過內燃的火焰。——水母繁生
之水。
柔順之水，光亮之水；
無痕之水；濃稠，
水銀
　堅硬的白，溶解在洶湧的石墨
和活躍的鯔魚中；溫柔，躲閃。——靈動之水

傾翻古銅色的陽光，前額下屈，貼上腹腔
——褐色閃耀之水，湧動之水。水母繁生之水，
觸覺之水
溶解在
油質靛藍和回聲蜂巢之中。石棉之水，石蕈之水
淤泥中的鯰魚
——吮吸；在牛乳中，在甘甜美酒間；光環環繞的
水塘與淨界顯露。稀薄之水，光環閃耀的琥珀
——纖細、神聖、潤滑的華彩；虎，釉彩下的
滿潮。水之地界，水中鰻魚追逐舔舐
　自己的輪廓，
夜色中的輪迴
——在子宮護膜中；在鼠尾草間。——水

在鱈魚中。負重之水（——虹狀；
平靜的歡悅）——水
它的邊緣

——它移動的光滑，迷醉在
音韻起伏的
適育年華。水，

agua sedosa de involución, de languidez
en densidades plácidas. Agua, agua;   Su roce
—Agua nutria, agua pez. Agua

de medusas,
agua láctea, sinuosa; Agua,

絲綢之水回轉，消沉
在濃密的平靜中。水，水；它的愛撫
——滋養之水，水中游魚。水母繁生

之水，
乳狀之水，曲折之水；水，

Poblaciones lejanas

Sus relieves candentes, sus pasajes, son un salmo
luctuoso y monocorde;
los niños corren y gritan,
como pequeños lapsos, en un eterno, enmudecido
sepia demente. Hay ciudades, también,
que dulcifican la luz del sol:
En sus espejos de oro crepuscular las aguas abren y
    encienden
cercos de aromas y caricias rituales; en sus baños:
las risas, las paredes reverdecientes
—Sus templos beben del mar.

Vagos lindes desiertos (Las caravanas, los vendavales, las
    noches combas y despobladas, las tardes lentas,
son arenas franqueables que las separan) mirajes, ecos que
    las enturbian,
que las empalman;
un gusto líquido a sal en las furtivas comisuras;
Y esta evocada resonancia.

遙遠的城市

它熾熱的地貌，它的旅程
是一首悲傷而又單調的聖歌；
如同一隻巨大無邊的烏賊，瘋癲並且沉默
孩子們跑著喊著
穿梭其中。
它也是擁有甜美陽光的城市，
在它金色黃昏的鏡中，大海張開
　　並點燃了
金合歡花環和儀式中的愛撫；在它的浴缸中：
歡笑、綠色的高牆；
——啜飲汪洋的廟宇。

動人的荒蕪地界（在散沙中飄蕩的篷車，
　　疾風，荒蠻號叫的夜晚，
遲緩的午後）幻象，攪亂一切的
　　隱約聲響，
將它們捆綁在一起；
在隱秘角落裏流動著嗜鹽的液體；
以及，這被觸動的回聲。

Los ríos encrespan un follaje de calma

Coral Bracho

Tu voz (en tu cuerpo los ríos encrespan
un follaje de calma; aguas graves y cadenciosas).

—Desde esta puerta, los goces, sus umbrales;
desde este cerco, se transfiguran—

En tus bosques de arena líquida,
de jade pálido y denso (agua profunda, hendida;
esta puerta labrada en las naves del alba). Me entorno a tu
vertiente—Agua
que se adhiere a la luz (en tu cuerpo los ríos se funden,
      solidifican
entre las ceibas salitrosas. Llama—puerta de visos ígneos—
que me circundas y trasudas: sobre este vidrio, bajo estos
      valles esponjados, entre esta manta, esta piel

河流攪動安靜的樹葉

你的聲音（你身體裏的河流
攪動著安靜的樹葉；暗潮洶湧的海）。

——從這扇門，歡樂，它們的門檻；
從這鈴聲，它們變換形象——

在你流沙的森林中，
濃郁蒼白的翡翠（深海，裂開；
這扇通向黎明之堂的大門）。我惶恐不安
在你的奔流中——水
湧向光芒（你身體裏的河流，與氮，與木棉樹融合
結晶。火焰——閃耀的大門——
在光彩之上，在凹陷的洞穴中，在肉體與覆蓋物之間
　　你旋轉我，你迫使我

Una luciérnaga bajo la lengua

Coral Bracho

Te amo desde el sabor inquieto de la fermentación;
en la pulpa festiva. Insectos frescos, azules.
En el zumo reciente, vidriado y dúctil.
Grito que destila la luz:
por las grietas frutales;
bajo el agua musgosa que se adhiere a las sombras. Las
    papilas, las grutas.
En las tintas herbáceas, instilantes. Desde el tacto azorado.
    Brillo
que rezuma, agridulce: de los goces feraces,
de los juegos hendidos por la palpitación.
        Gozne
(Envuelto por el aura nocturna, por los ruidos violáceos,
acendrados, el niño, con la base mullida de su lengua
    expectante, toca,
desde esa tersa, insostenible, lubricidad—lirio sensitivo que
    se pliega a las rocas
si presiente el estigma, el ardor de la luz—la sustancia, la
    arista
vibrante y fina—en su pétalo absorto, distendido— [joya
que palpita entreabierta; ubres], el ácido
zumo blando [hielo], el marisma,
la savia tierna [cábala], el néctar
de la luciérnaga.)

舌下螢火蟲

在極樂的泥髓中；
在發酵不安的氣息中，我愛著你。初生的、藍血的
　昆蟲。
在初榨、纖弱、柔軟的果汁中，
在黏附著陰影長滿苔蘚的水下，
穿過果樹的縫隙，
那些過濾了陽光的呼喊。那些
　乳頭，那些洞穴。
那些點滴滲透的草木染料。從惶惑的觸感裏。
　漏出
酸甜的光澤：從肥沃的歡愉中，
從因為搏動而打破的遊戲中。
　　　　　　　　　　鉸合。
(被夜的靈暈，被紫色的喧囂所包裹的
　孩子，經受磨練，憑藉他備受期許的舌頭下
　　鬆動的根，觸摸，
從那明快的，無以為繼的，滑潤中——敏感的百合花
　　折入山岩。
如果它感覺到這種烙印，光的灼熱——物質，顫抖
　　並且精美的
棱角。——在它入神而膨脹的花瓣中——〔珍寶
跳動著；乳房〕、酸澀的
松軟飲料〔冰〕、海濱沼澤、
可口的樹液〔神秘哲學〕、螢火蟲的
美酒。)

TIERRA DE ENTRAÑA ARDIENTE (1992)

《燃燒的大地之核》(1992)

En la entraña del tiempo

El tiempo cede
y entreabre
su delicada profundidad. (Puertas
que unas a otras se protegen; que unas en otras entran;
   huellas,
rastros de mar.) Un otoño
de leños y hojarascas. En su fondo:
La espesura translúcida del placer; sus hiedras íntimas:
Oro:
foliaciones de luz: Fuego que enraiza en el metal florecido,
y un musgo fino,
incandescente.

在時間的核中

時間，永遠
溫柔而赤裸
在它纖細微妙的深處。(門
守護著門；它們彼此敞開；
　道路，
大海的蹤跡。)秋天
堆積的落葉與木頭。在它的核心：
錯綜而澄澈的歡悅；熱烈纏繞的常春藤；
金子：
光的葉序：金屬中萌生的火焰，
以及柔和的苔蘚中的
熾熱。

El deleite de las formas

Coral Bracho

Danza gozosa. Grito
de la sombra en la luz.
Noche que vuelca su estridencia animal
en la alegría de la mañana.
En ella se ramifica;
en ella estalla y se entrelaza. En su orilla clarísima
florece. Es el deleite de las formas
en su escarpada contigüidad, en su abismada
cercanía. Los ríos se traban, sin fundirse,
en una oscura fulguración, en una flama
arborescente. Fauna
que entre las llamas se desliza.
Es el placer de los contrarios su desbandada cavilación,
su selva henchida
y resonante.

形式的快感

歡快的舞蹈。陽光中
陰影的吶喊。
在清晨的歡樂中
夜傾注出它不和諧的粗礪。
在清晨分叉，
爆發又交織。在清朗的晨風中
盛開。那是在陡峭的相連
和茫然的臨近中，
關於形式的快感。在幽暗的閃電中，
在樹狀散開的光芒中，河流被羈絆，
無法融合。動物群
在火焰中流動。
這潰散的思考正是對立的快感，
它饜足而又
共鳴著的雨林。

Hondos palacios

Coral Bracho

"Y no me puedo detener
por andar y ver muchas islas"
—Cristóbal Colón

"Y cuando llegué al abismal
fondo del lago
vi que habían otros lagos,
otros fondos,
y no me era posible mirarlos todos,
tantas eran sus luces y sus prados, tantos
sus muy diversos cantos
de sus fuentes y pájaros."

—Hay jardines ahí sutilísimos,
y profundos palacios que despliegan su luz.

Sus muros son de alabastro. Sus pisos de ópalo.

Están escarbados en montañas espesas
que alumbran todo, como soles.

Guían hacia ellos senderos que hablan a quien los sigue,
y sus voces son dulces y melodiosas.

Entre las piedras las flores crecen sin raíz.
—Son todas ellas piedras preciosas y finísimas.

幽深的宮殿

> 「因為看到和行走在諸多島嶼之上
> 我已不能止步」
> ——克里斯托夫·哥倫布

當我抵達
湖泊幽深處
看到還有其他的湖泊，
其他的幽深處，
閱盡湖泊幽深非我所及，
它們陽光拂煦它們小徑分叉，
它們音韻繚繞在
清泉和禽鳥之側。

——那裏有極精緻的庭院
和幽深的宮殿，陽光在彼處舒展。

石膏為牆。寶石覆地。

它們在崇山峻林間巍然矗立
如同太陽，照耀一切。

通向宮殿的小徑，
用甜美悅耳的聲音指引路人。

岩石精美珍貴。
石間之花無根生長著。

· 43 ·

Los árboles son estrechos y muy delicados, como filigranas.
Son abundantes y cristalinos, crecen muy poco, pero florecen
y constantemente cintilan.

Son parajes de sueño o de encantamiento
porque en ellos no parece haber tierra,
tan delicada es y refulgente.

El aire lo cubre todo y es como el agua,
aunque muy ligero. Su aroma es embriagador.
Es radiante y refresca y toma aquello
que quiere llevar de un lugar a otro
con deslumbrante delicadeza. Parece siempre
estar cantando. Su armonía es silenciosa
pero en todo penetra. Todo parece elevarse con ese modo de canto
y de resplandor.

林間樹木消瘦嬌嫩，仿若金銀絲細工製成。
它們繁茂清新，生長緩慢，卻鮮花盛開
華彩不滅。

那是令人歡欣的夢想之地
置身其間可以忘卻我們在大地之上，
即便這土地精美而閃亮。

空氣輕盈，如水般
覆蓋一切。它的芬芳令人陶醉。
它神采奕奕又清新可人
懷著無盡溫婉從一處
抵達另一處。空氣似乎總是
在歌唱。它的存在是安靜而又
無處不在的和諧。一切似乎因那歌唱
與光彩而昇華。

LA VOLUNTAD DEL ÁMBAR (1998)

《琥珀的意願》(1998)

La penumbra del cuarto

Entra el lenguaje.

Los dos se acercan a los mismos objetos. Los tocan
del mismo modo. Los apilan igual. Dejan e ignoran
las mismas cosas.

Cuando se enfrentan, saben que son el límite
uno del otro.

Son creador y criatura.
Son imagen,
modelo,
uno del otro.

Los dos comparten la penumbra del cuarto.
Ahí perciben poco: lo utilizable
y lo que el otro permite ver. Ambos se evaden
y se ocultan.

房屋的陰影

語言進入。

雙方接近同樣的物品。他們以同樣的方式
觸碰它們。把這些東西堆得一樣高。同樣這些事物
任其墜落,被他們拋開。

當他們相遇時,他們知道
他們是彼此的極限。

他們是創造者,也是被創造者。
他們是彼此的
肖像
與模型。

雙方共用房屋的陰影。
在那裏,能感知的很少:有用的
以及一方允許另一方看到的。他們都在逃避
都在躲藏。

Desde esta luz

Desde esta luz en que incide, con delicada
flama,
la eternidad. Desde este jardín atento,
desde esta sombra.
Abre su umbral al tiempo,
y en él se imantan
los objetos.
Se ahondan en él,
y él los sostiene y los ofrece así:
claros, rotundos,
generosos. Frescos y llenos de su alegre volumen,
de su esplendor festivo,
de su hondura estelar.
Sólidos y distintos
alían su espacio
y su momento, su huerto exacto
para ser sentidos. Como piedras precisas
en un jardín. Como lapsos trazados
sobre un templo.

Una puerta, una silla,
el mar.
La blancura profunda,
desfasada
del muro. Las líneas breves
que lo centran.
Deja el tamarindo un fulgor

從這束光

從這束光，從這纖弱的
火焰中。永恆
閃爍。從這不眠的花園，
從這陰影。
打開通向時間的門檻
事物被磁化
它們浸入時間的深淵
被它滋養：
清澈，渾圓，
慷慨。它們為飽滿的歡悅，
為節日的盛況，
為深遠的星空，
所充盈，所滌蕩。
堅固而獨特，
它們的空間
它們熔化的時刻，它們感覺中的
豐沛果園。如同花園中
散落的石頭。如同廟宇裏不斷湧現的
頓悟的瞬間。

門，椅子，
大海。
牆壁上無限變化的
白。交織在
這簡潔的線條中。
羅望子樹在濃重的夜色裏

entre la noche espesa.
Suelta el cántaro el ruido
solar del agua.
Y la firme tibieza de sus manos; deja la noche densa,
la noche vasta y desbordada sobre el hondo caudal,
su entrañable
tibieza.

散發著光芒。
從花瓶中溢出水的
太陽之聲。
以及那些手心裏堅定的溫暖；那些濃密的
黑夜所放棄的，
比夜的深沉更廣闊無邊的，
它的親密的
溫暖。

En los valles despiertos

Coral Bracho

Tus caricias,
sus caudales desatan esta flama, este viento,
abren con sus luces los campos, los despliegan,
los bañan. Las aves rompen el vuelo.
Sus alas, claros cristales,
sus picos suaves y finos, rasgan y dibujan
—en la yerba; en los valles despiertos
que recorren y habitan—paisajes ígneos,
higueras, flores de savias vivas y luminosas,
páramos,
brotes de arena espesa, yermos que la sed,
lenta noche de sal, que el deseo
regeneran:
Los ciervos cruzan por los linderos.

在蘇醒的山谷

你的愛撫，
它們豐滿而自由的火焰，這風，
在光芒中釋放自己，
沖洗自己。鳥兒停止飛行。
它們的翅膀，晶瑩剔透，
它們的嘴，光滑靈巧，它們啄，它們翻
——在草地上；在蘇醒的山谷裏
它們棲息，它們生衍——火的旅行，
無花果樹，絢麗的花瓣，飽滿的汁液，
荒野，
沙土中叢生的嫩芽，沙漠乾渴，
鹽中的漫漫長夜，欲望
重生：
群鹿跑過山谷。

Mariposa

Como una moneda girando
bajo el hilo de sol
cruza la mariposa encendida
ante la flor de albahaca.

蝴　蝶

羅勒花前
蝴蝶燃燒著
如同旋轉的硬幣
穿過陽光。

La brisa

La brisa toca con sus yemas
el suave envés de las hojas. Brillan
y giran levemente.
Las sobresalta y alza
con un suspiro, con otro. Las pone alerta.

Como los dedos sensitivos de un ciego
hurgan entre el viento las hojas;
buscan y descifran sus bordes,
sus relieves de oleaje, su espesor.
Cimbran
sus fluidas teclas silenciosas.

微　風

微風用它的指尖觸摸
葉子柔軟的背。它們閃爍
並且溫柔地顫動。
它們受到驚嚇，向上抬起
一次，又一次的呼吸。葉子醒來了。

它們隨意地彈奏著風，
如同盲人敏感的手指；
摸索著辨識它的邊緣，
它起伏的外形，它的厚度。
它們浮動著，
這些流暢而無聲的琴鍵。

Imagen al amanecer

Coral Bracho

El agua del aspersor cubría la escena
como una niebla,
como una flama blanquísima, dueña
de sí misma, de su brotar cambiante, de su pulso
ritual
y cadencioso.
Un poco más allá y más allá hasta
tocar las rocas. Lienzos de sol
entre la cauda humeante; lluvia de cuarzo; interno
oleaje
silencioso. Un mismo
denso
movimiento lo centra; lo ahonda
en su asombrado corazón. Profundo, colmado
vórtice.
Renace, tenue, su palpitar. Marmóreo y lento
borbollón luminoso.
Un poco más allá, más allá, su tacto límpido
se estremece. Son remanso
las rocas
a su enjambre estelar, a su incesante,
encendida nieve. Por un momento se cubre
con su seda el jardín. Suavemente
los troncos ceden
y van tendiéndose sobre el pasto;
largas sendas oscuras bajo el tamiz
que inunda el amanecer. Cuando su lluvia

黎明晨景

噴水器噴出的水籠罩著眼前的風景
如同晨霧，
如同白色火焰，它的女人
它潮湧的欲望，日復一日
跳動的脈搏。
更多些，更多些，直至
抵達岩石。迷霧邊緣處
太陽的碎片；石英之雨；內在
沉寂的
波濤。這圍繞自身的
穩定的運動；將它沉澱到
驚歎的內心中。深沉、細膩的
漩渦。
它重新開始，噴射，搏動。冰冷而遲緩，
沸騰的歡悅。
更多些，更多些，直至它平靜的撫摸
顫抖起來。岩石
如同群星
如同不斷燃燒的雪
慢慢變化。很快，
這些絲線已漫過庭院。樹枝
順從地屈身，覆蓋在草地上；
曙光穿過，湧向
漫長漆黑的小徑。當這晨雨

se ha expandido hacia el este
pesan menos las sombras
y los troncos se adensan y se levantan.
Vuelve entonces el arco
a resplandecer. Una llama reciente nubla la escena,
un olor de magnolias
y rocas húmedas.

開始向東方蔓延
影子變得稀疏
樹幹堅硬而勃發
虹橋復現
光彩。初生的火焰充盈在這風景中，
在這芬芳的木蘭
和潮濕的石頭中。

El hipotetico espectador

El hipotético espectador
es complaciente.
Toma, entre dos dedos largos, los argumentos.
Como frutas redondas y luminosas los va ensartando,
uno tras otro,
con ostensiva delicadeza.

Palpa
y escucha.

Todo comienza de nuevo, y el hipotético
espectador vuelve a sentarse.
Vuelven los argumentos, más depurados, más escuetos.
Mira, toca, selecciona otra vez.

Ciñe detalles con dedos cómplices.

De pronto, sin transición,
se hunde en los tonos.
Sigue -ajeno- los gestos,
la actitud del que narra. Se ha esquinado
en el juego.

—El narrador lo siente y se incomoda—

Ve desde lejos sus cejas, su pulcritud
enfática, su boca lenta y callada,

假想觀眾

假想觀眾
是令人歡喜的。
他將情節放置在修長的兩指間。
用他誇耀的技藝,
將一個又一個
渾圓、明亮的果實串連。

彈奏它們
並且傾聽。

一切從頭開始。假想觀眾
又重新落座。
情節重現,更趨完美與精煉。
他觀看、觸摸、再次選擇。

共謀的手指憑細節纏繞。

突然,毫無過渡,
樂調將觀眾淹沒。
他依然疏離在
敘事者的態度與表情外。陷入
遊戲的窘境中。

敘事者感知到他的窘迫,開始不安。

從遠處注視著觀眾的眉毛,他卓然的
優雅,如魚嘴般

como de pez.

Un desconsuelo mercurial se escabulle
entre las aguas quietas.
Un recelo de nutria,
de roedor;
su brillo alcanza
a tocar las frutas.

Vuelve todo a empezar.
Cambian nuevamente de escena
y de espectador.
Entra. Se sienta.

遲緩靜默的口。

墨丘利神的痛苦
裸露在靜水間。
水獺的憂慮，
折磨人心；它的光輝
伸向果實。

一切重新上演。
舞臺與觀眾
皆已調換。
入場。落座。

Piedra en la arena

Juegan los dos con una piedra
que emana luz. Acarician
su tersura,
su densidad sobre la arena blanca. La contemplan,
la cubren. La hacen que gire con suavidad.
De pronto, uno de los dos la arrebata
y la arroja.
Los dos la buscan.
Esa inquietud gozosa
con que ahora nuevamente la miran
vuelve a romperse. Hay que buscarla otra vez.
El que la avienta
la acoge siempre
con grandes voces. El otro
empieza a mirarla ya
como si no existiera.

沙中之石

兩個人把玩一塊
發光的石頭。撫摸
它的光潔，
和它在白沙上的沉重。他們欣賞石頭，
呵護石頭。讓石頭溫柔地旋轉。
毫無徵兆，兩人中的一個搶過石頭
並將它扔了出去。
兩人一起去尋找。
帶著歡愉的不安
再次看見它，又再次
將它扔掉。他們不得不再次去找尋。
那個扔掉石頭的人
總是大嗓門地
歡迎石頭回來。另一個人
則開始以似乎它已不存在的方式
凝視石頭。

Luz derramada sobre un estanque de alabastro

Coral Bracho

Una pequeña piedra transparente
y en ella,
la deslumbrada alegría del sol.
Eres el canto del agua
y entre sus hebras, el canto fresco
de la alondra, el viento suave
al amanecer. Luz derramada
sobre un estanque de alabastro.
Sobre sus aguas:
el azahar
y el jazmín.

雪白池塘上揮灑的光

透明的石頭，
其中
是太陽令人目眩的歡樂。
你是水的曲調
而它的纖維間，有雲雀的
清歌，清晨的
微風。光揮灑在
雪白池塘之上。
在它的水上：
檸檬花和
茉莉。

La voz Indigena

Coral Bracho

Es un dolor
de voz que se apaga. De voz eterna
y profunda
que así se apaga. Que así se apaga
para nosotros.

印第安話語

被關閉
是話語的傷痛。關閉的
是永恆
而又深遠的話語。就這樣
話語為我們所關閉。

Hilo en una tela de araña

Coral Bracho

Un arroyo imantado por la brisa y la luz,
un transcurrir cobrizo es el hilo que fluye
en la tela de araña. Charcos de plata cambian
de unas hojas a otras, de unas huellas
a otras sobre la tierra blanda. Te veo cruzar
entre dos líneas. Lo amo,
digo.
Entre dos ramas del azar
fluye el arroyo,
su hilo hechizado por el mar de la luz,
por el licor
de su corriente. Es el agua que embriaga
el atardecer. Es el fuego que fluye
sin cesar hacia el este.   Bajo su fiel
solar
te pienso.

蛛網之絲

微風與陽光賦予江河魔力，
古銅色的過往是流動的絲線
在蛛網之上。銀色海洋
起舞於葉與葉之間，在柔軟的土地上
留下橫斜的影跡。我看到你穿插
於雙線間。我說，
我愛這一切。
在命運的雙線間
流動著江河，
細流被光的海洋，
被潺潺烈酒
施以魔法。這是令黃昏迷醉的
水流。這是永向東方流動的
火焰。　在它誠摯的
陽光下
我思念你。

Como un acuario

Coral Bracho

La luz de la tarde escoge algunas plantas
y en algunas de sus hojas penetra.

Como un acuario encendido por sus peces;
como un fluir
de la noche
entre rastros de estrellas,
transcurre
en su quietud
la maleza.

如同一個魚缸

黃昏撫摸著植物
浸入枝葉之間。

沉穩
搖曳的
荊棘，
如同一個被魚兒點亮的魚缸；
如同在星光閃耀間
流動的
夜色。

Una avispa sobre el agua

Coral Bracho

La superficie del agua es tensa
para una avispa,
es un sendero múltiple fluyendo siempre
como el tacto del tiempo
sobre la hondura quieta
de un corto espacio.

Corto es el tiempo
en que flota; corta
la distancia en que gira
por incesantes laberintos,
remolinos inciertos, llamas,
y transparencia
inextricable.

水上黃蜂

對於一隻黃蜂來說
水的面積是不足的，
那是一條總是多向流動的小徑
如同時間的觸覺
位於狹小空間
寧靜的深度之上。

短促的
是漂浮其中的時間；短促的
是無盡迷宮，
模糊旋風，
火焰，
和難解的透澈中
轉動的距離。

Esto que ves aquí no es

Esto que ves aquí no es.
Alguien te oculta una pieza.
Es el fragmento
que da el sentido. Es la palabra
que altera el orden
del furtivo universo. El eje
oculto
sobre el que gira. Este recuerdo
que articulas
no es. Falta el espacio
que ajusta
el caos.
Alguien jala los hilos. Alguien
te incita a actuar. Cambia los escenarios,
los reacomoda. Sustrae objetos.
Cruzas de nuevo
el laberinto a oscuras. El hilo
que en él te dan
no te ayuda a salir.

此處所見非如是

你此處的所見非如是。
有人隱藏了一篇。
而殘章
卻正是意義所在。那是
改變隱秘宇宙秩序的
話語。也是寰宇轉動
所圍繞的秘密中心。你陳說的
記憶
非如是。缺乏
承接混沌的
空間。
有人拉扯線頭。有人
鼓勵你去演出。場景變換，
又再次落實。取出物件。
你又一次穿過
幽黑的迷宮。他們在其中
給你的線頭
無法幫助你走出去。

Trazo del tiempo

Entre el viento y lo oscuro,
entre el gozo ascendente
y la quietud profunda,
entre la exaltación de mi vestido blanco
y la oquedad nocturna de la mina,
los ojos suaves de mi padre que esperan; su alegría
incandescente. Subo para alcanzarlo. Es la tierra
de los pequeños astros, y sobre ella,
sobre sus lajas de pirita, el sol desciende. Altas nubes
de cuarzo, de pedernal. En su mirada, en su luz envolvente,
el calor del ámbar.
Me alza en brazos. Se acerca.
Nuestra sombra se inclina ante la orilla. Me baja.
Me da la mano.
Todo el descenso
es un gozo callado,
una tibieza oscura,
una encendida plenitud.
Algo en esa calma nos cubre, algo nos protege
y levanta,
muy suavemente,
mientras bajamos.

時間的輪廓

在風與黑暗之間，
在上升的愉悅
和深沉的安穩之間。
在我白色禮服的激蕩
與礦井漆黑的洞穴之間，
是我父親被期待的溫柔目光和
濃郁歡樂。我上前想要觸及他。那是屬於
微小星體的土地
土地之上，黃鐵礦石板之上
太陽衰落。石英和燧石的
雲朵高企。父親的目光和華彩中
包裹著琥珀的溫暖。
他走近。將我擁入懷中。
我們的身影在岸前傾斜。他放下我。
牽起我的手。伴隨其中的，
沉默的歡愉，
晦澀的昏暗，
與充分的燃燒。
在下降中，
寧靜覆蓋我們，溫柔地
保護我們
托舉我們。

Con abismada transparencia

Eres el fuego del inicio.
Eres la luz
en el instante sabio
de hacinarse en el agua.
Eres la voz, la transparencia que penetra,
que engendra;
la nota viva y diáfana
que cae,
con el candor de una certeza
en el centro
del alma.

與茫然的明透

你是原初的火焰。
你是羅列在水中
智慧瞬間的
光明。
你是由明透浸潤和造就的
聲音；
你是在靈魂
中心
與一份純真確信，
一共墜落的
鮮活而清澈的音調。

ESE ESPACIO, ESE JARDÍN (2003)

《那空間·那花園》(2003)

Ese espacio, ese jardín

En las últimas palabra
están contenidas las primeras

I

—Olor de musgo.   De gardenias
entre madera mojada.   —De barro tibio entre viñedos.

La muerte
es el hilo de oro que enredamos entre los muebles,
entre las plantas límpidas del jardín.
Es la palabra del inicio;   es tu risa
colmando
con su fuente la casa, con su cristal sonoro
el ámbito nuevo, eterno;
con su candor resplandeciente, con su ardor matinal;
cada lugar llevado a su raíz por la infancia,
a su clarísima ignición es tu luz; y a tu mirada se abre
lo que aún se enciende.

El tiempo
es un trazo fino
sobre el vasto poliedro.

La muerte,
a gatas entre los muebles,

那空間，那花園

> 最後的話語
> 蘊含最初的言說

一

——苔蘚的氣味。　潮濕樹林中
梔子花的氣味。　——葡萄園裏溫暖的泥土氣味。

死亡
是纏繞在傢俱上
和花園裏閃耀作物上的金線。
這是最初之言；　你的笑顏
這是源泉
湧進房間，這是清脆水晶
湧進嶄新而無盡的空間；
隨著光亮的摯誠，隨著清晨的熱情；
每個地方，回到最初的源頭，
回到星火閃耀的時刻，你的光輝；還有藏在你眼中的
從未熄滅的火焰。

時間
是流動在廣闊多面體上的
纖細線條。

　　死亡
　　在傢俱上偷偷爬行，

interpone sus preludios:
las caobas rollizas

y advertir al bufón.

—Cae dormido el bufón
sobre el sofá teñido de un verde líquido. —Aguamarina
entre guirnaldas lila.

A su izquierda
la mesita blanquísima.
Sus dedos rozan la moneda de luz.

La sala es el efecto y la tensión de esa luz,
es su tacto furtivo; el espesor
de un pensamiento, su hilaridad.

—Sobre la cama los juguetes. La llave.

 La muerte
es el lugar que se tiende en este objeto compacto
y delicado.
Una clara postura que articula el bufón;
la inclinación
de su cuadrícula.

El brillo suave del mar. El laberinto
de un nautilus. Su levedad ensimismada
deja su acorde grave, su placidez.

*

開始了它的序幕；
紋理細膩的桃花心木

　　　　然後亮出它的王牌。

——這個小丑，睡著了
在綠色的沙發上，　　——海藍寶石
在紫色的花環間。

他的左側
是雪白的桌子。
他的手指摩挲著閃光的硬幣。

房間裏交錯著這光芒的言辭和力量，
它鬼祟的觸覺；思想的鋒芒
它的歡樂。

——玩具在床的周圍。鑰匙。

　死亡
是在這纖小事物中蔓延的
足跡。
小丑清晰陳說了自己的立場；
以及對他花格衣服
的喜好。

大海平靜的光澤。鸚鵡螺的
迷宮。內在的幸福賦予它廣闊的平衡，　安詳。

　　　　　　＊

(Olor de lluvia al amanecer.
Olor que acerca e ilumina las tejas.

Desde un eje de luz: el día en que el agua alumbra
el terregal rosado. El resplandor de los arroyos
contra el fluir de la ladera.
El portal de la casa.   La clara estancia
de su muerte; y su remanso.

Vimos su sombra descorrerse en la estancia como en el filo
de un domingo:
el sol licuando las terrazas,
*   el mar abriendo su lentitud.)*

*

Esa acendrada magnitud,   esa risa
cristalina la aprehende y la formula aquí. Su desgranada
transparencia.   —En el tiempo,   su cifra
es un vitral:

Sus infinitas variaciones reflejan
esta irradiada resonancia: el bufón, su voz

fijando el escenario,
sus entrañables cortinajes; la luz
que incide en el cristal.
Porque la muerte tiene, en el torneado corazón
de la vida
encajados sus vértices. Y con ellos inicia y en ellos abre
una extensión:

(黎明時分雨的氣味
　浮動並照亮了屋頂的瓦片。

　光的中心：歲月鑲嵌在
　照射著玫瑰色浮土的水中。溪流的輝影
　對抗著湧動的山坡。
　屋宅的門廊。　死亡的客廳
　和它的休息處。

我們看見它的暗影潛入房間，猶如
周日正午時分：
　融化露臺的陽光，
　　大海打著大大的哈欠。)

*

這薄荷味的光彩，凝固在這裏的
清澈笑顏。裸露的
透明。　　　　　——在時光中，它的面容
是一扇彩色玻璃窗：

　它無盡的變化映照著
　光芒四射的迴響：小丑，他的聲音

　凝聚著舞臺，
　它可愛的簾幔；投射在
　玻璃上的光線。
因為死亡，已經嵌入在生命旋轉的
心靈中，
它的頂點。生命因死亡而開始，並在死亡中
開拓出新的領土。

la del espacio que transcurre.

Mira tu mano.
Mira la moneda girar;
mira los gestos
trabar su espacio, su secuencia. La sensación
de su secuencia;
mira el gesto que engendra
la sensación,
el cuerpo nítido que esboza,
que articula; es un pájaro
arqueado este vacío, es una línea enmarañada
su interludio burlón.

                                        Todo esto

se registra;   todo
se desvanece

—En el tiempo que se urde y se recorre.   Todo traba
su gozne; silba
el bufón
su acaecer.
Silba en el bosque
su abrasivo deleite, su irisado
lugar.   —Silba su gozo

inextricable.

                              *

這流逝的空間。

　　看看你的手。
　　看看那旋轉的硬幣；
　　想想那些
　　決定位置與序列的姿勢。序列的
　　震動；
　　想想那些創造了這些震動的
　　姿勢，
　　那起草和宣告了一切的
　　最終的肉體；是一隻
　　丈量虛無的鳥，是一個纏繞的線團，
　　它的幕間曲，它的滑稽戲。

這一切

已被記錄；　一切
已張開

——在這積聚而又泛濫的時刻。　所有事物
糾結在一起；小丑
嘲弄
發生著的一切。
他在森林裏嘲弄
自我燃燒的快樂，他彩虹色
的處所。　　——他嘲弄他不可褻瀆的

快感。

*

La niña
de luz de plata,
bajo la noche transparente,
recibe—como una ofrenda derramada—
los dibujos del mar.
Tiene una jícara nupcial
en las manos.

   —Entre los cortes y figuras labradas
   con insondable sutileza,
   la luna vierte
   su sigilo.

   Tiende los trazos, los perfiles,
   sobre un silencio de eternida
      la fijeza de sus rastros
         y el germen,
   su densidad de seda, de agua,
   de figuras sintiendo en la oscuridad su confín
   luminoso, su delirio brotante de signos vivos,
   su estupor animal:
rasgos, designios, enhebrando sus formas;
hurgando, con pulcritud, su hilo de luz, sus enlaces,
sus lentos modos para existir.
Es el destino que se enreda
sin voz
como un capullo transparente.   En el centro del fin
            está el principio; en el principio,
el fin, sin ecos.

*

Coral Bracho

銀色光輝

的姑娘，
在透明的夜裏，
——彷彿發散祭品——去承受
大海的畫作
被當作慷慨的饋贈。
手持婚禮上的祝酒杯。
　　——以深邃的細膩
　　在精心製作的剪影中，
　　月亮潑灑出
　　隱秘的沉默。

　　在永恆的寂寞裏，
　　鋪展出線條與輪廓，
　　匯聚於它的起源
　　與蹤跡，
　　在黑暗中感受，
　　它濃密的絲綢，水和影像，
　　它的絢爛邊界，對生動符號所萌生的癡迷，
　　略顯癡愚的驚愕：
面孔，計劃，訴說著它的形式；
優雅地撥弄它的光線，它的繩索，
它精心的存在。
那是無聲
設下的宿命
如同透明的蓓蕾。　　　　在終點的中間
　　　　　　　　是開始；在起點處，
是沒有回聲的終結。

＊

在
時
間
的
核
中

La tarascada nítida
del jaguar
en la amplitud del Universo.   —Hunde

en la sombra
su huella intacta:
serpiente de astros y murmullos,
astilleo de espejismos.

Un arroyo ilumina el palpitar de la noche: Honda
raíz fulmínea. Honda,
encandilada raíz: Es el tiempo inasible.

Es el trazo que se abre en el umbral, en su gozne;
en el embrión de su espesura.

      —Fuentes ardiendo al amanecer,
      borbotones que el tacto de la luz estremece—

Son refracciones del inicio
la vida ardiente y su silencio;

      Bajo la noche, bajo su azul profundo,
      los grillos cavan
      la intermitencia.

Del espacio impalpable, una certeza:
tu voz;

美洲豹

在宇宙中
痛快地撕咬　　　　　——它完整的足跡

在陰影中
坍塌：
懷抱星象與窸窣聲的蛇
一切皆幻象。

溪流照亮了夜的顫動：轉瞬即逝的
根深埋。格律嚴謹的
根深埋：這是難以捉摸的時光。

這是在最初的接合處展開的輪廓；
成熟於胚芽的密林。

　　——黎明時分燃燒的水泉
　　沸騰在光線震撼的觸覺中——

燃燒的生命與它的孤寂
這是最初的映照；

　　在夜色裏，在夜的深藍裏，
　　蟋蟀們
　　翻鬆了節奏。

在無法觸摸的世界裏，確信：
你的聲音；

tu voz que funde
y permanece.

                           —Cortada en vilo

por el tiempo,
cortada al calce como una flor,
como un oleaje refulgente, como una estrella,
renace.
Se abre, se ilumina, se adentra
—desde un silencio incandescente—en las cosas.
Todo lo animas, todo lo alumbras,
todo lo abismas en su fuego.

    A cada forma le das su nombre;
a cada nombre

su forma: Ahí,
desde ese punto sin fin
y sin principio, abres las aguas en la palabra justa.

*

—En la mirada que entrecruzan los niños,
en su fulgor,
frente al estanque iluminado.

Es la frescura de sus voces recorriendo el espacio, vertiendo
entre hondonadas de luz,
su azar de viento y de extensiones. Es la tersura
de sus voces ardiendo en desbandadas de gozo,
de brillo intacto, de plenitud.

你熔化
並且停留的聲音
　　　　　　——被時間打斷
懸在空中
如同無根的鮮花，
閃爍的波濤、重生的
繁星。
——從熱烈的寂寞裏——在事物中
它伸展，照耀，深入。
你鼓舞了一切，照亮了一切，
讓一切陷入在它的火焰中。

　　你賦予每一形式以名稱；
每一名稱以

形式：那裏
從這裏出發沒有終結
也沒有起始，你在恰當的語言中打開了大海。

　　　　　　　　　　＊

——在孩子們交織的目光中，
在它耀眼的光輝裏，
面向神啟的水池。

鮮活的聲音溢滿空間，風
擴張在
日光的窪地間。在歡愉，
無缺的閃耀與完滿中潰散，
光亮的聲音在另一個地方燃燒。

Nada

toca,
entre las carnes de la vida, su centro,
nada lo alcanza y lo despeja,
como esas risas,
esas carreras embriagadas y eternas
que van urdiendo los jardines, los bosques,
las planicies que cimbran y atraviesan el tiempo.

Nada lo ciñe y lo ahonda como esos ecos. Ojos niños
                              [que irradian
infinitud.

Nada encarna en la vida
y la estremece; nada afirma su cuerpo y su sed, su voz,
como esa cifra de lo eterno en su centro:
un gesto puro
y claro.
Una mirada diáfana. Un arranque gozoso: Una gota,
un arroyo,
una corriente: Es el mar reverberando sus formas,
irguiendo en espesores de fuego sus masas,
su orbe

encabritado y frondoso; montañas de agua, de sol

*

沒有地方

觸碰，
在生命的鮮活中，它的中央，
無法企及，並且仍然空虛，
如同那些笑容，
那些晃動和穿越了時間的花園、森林
和平原所構建的路徑
永恆而沉醉。

沒有甚麼如同回聲，捆綁它，陷入它。孩子的眼睛
　　　　　　　　　　　　　　　照射出
無限。

沒有甚麼如同無止盡的密碼
被賦予生命
撼動生命；斷言肉軀，渴望和話語：
純粹
清晰的表情。
透澈的目光。歡快的起點：水，
溪流，
大川：這是大海所映照的自己，
它的世界
全體矗立在火的濃密中，

枝葉繁茂又騰空躍升；水和太陽的崇山峻林

*

Es la máscara blanca
en el bosque de plata. En él se pierde y reaparece.
Es la tortuga de piedra
frente al azul; es el almendro contra el cielo.

Un bufón muestra
en la mano
el tallado cristal: se ven las máscaras numerosas,
su afilado perfil. Se ve el jaguar acechando
entre juncales.   Salta

el bufón a la luz

    y te ve a los ojos.

∗

        Una línea se adentra

          con su rojo averbal

en los contornos del paisaje.

Los ocres se abren;

la interrogan.

∗

這是銀築森林中的
白色面具。在森林裏丟失，又重現。
這是面向靛藍的
石龜；這是沖著天空的巴旦杏。

小丑手中
展露
雕琢過的玻璃：可見無數面具，
和它磨尖了的輪廓。美洲豹伏身在
燈心草間。　小丑

躍身於陽光下

　凝望你的眼睛。

＊

在風景中

一條線

憑無法言說的紅，深入。

赭石，打開；

被質詢。

＊

Sobre la mesa blanca,
en su reflejo sostenido,
un nautilus. Su fluido arraigo, amplitud
y el áureo arrastre
de su centro.
En su vórtice vítreo: Un cuenco, un brillo
de incidencia.   Una semilla

de hilaridad.

II

Oigo tu voz; la siento entreverarse,
encender. Algo
dijiste entonces,
de tal modo,

de tal modo que siempre crece; crece y se extiende
como una hiedra, como una selva,
como una arena
luminosa.

*

¿Qué es lo que entorna mi vida en el dintel
de esa voz?
¿Qué es lo que toca de su brillo profundo
y entre el rumor
de su cascada oscura?   *Agua*

鸚鵡螺，
在白色桌子上，
在自身的映射中。流動的根，寬闊
並席捲了
中心。
在它玻璃質的颶風裏：杯子，深淵
變動著。　　　　　　歡悅的

種子。

二

我聽到你的聲音：感到它的混雜，
點燃。某物
像你曾經訴説的，
那樣，

那樣總是發生：生長和繁榮
如同常春藤，如同森林，
如同閃亮的
砂礫。

＊

將我的生命虛掩在聲音的門楣中的
是甚麼？
觸摸它鮮艷的深淵，
並在黑暗的瀑布中
喃喃低語的是甚麼？　　光線流轉之

· 107 ·

de fluida luz.   *Agua*
de entramados relieves.

—*Que en sus costas se tiendan y humedezcan las sombras,*
que en sus cuencas florezcan. Que en su dorada red

como ofrenda ancestral se esparzan
y en ella arraiguen, y en ella cifren su simiente.

Que ante el profundo umbral,
donde las urnas y las piedras
descansan, la lluvia encienda
su cadencia.
    Deja
que entre sus brillos
y entre las suaves hebras de su espejo
anochezca.

*

Es la noche el lugar
que ilumina el recuerdo.

Es una vasta construcción
sobre el mar.   Es su despliegue

y su secuencia.
Amplios corredores se extienden sobre blancos pilares.
Las terrazas abiertas sombrean las olas,
y uno se interna y cruza
por insondables extensiones.

水。　　　　　容顏湧動之
水。

——海岸線上散落而潮濕的影子，
在凹地中盛開。在水之金色的網中，

如同遠祖的祭品，它們被播撒
它們紮根，養育它們的種子。

在無止境的黑暗前，
玻璃匣和石頭
沉寂，雨激起
屬於它的節奏。
　　　　　並且被允許
在光的碎片中
在碎裂的鏡子裏，
黑暗墜落。

＊

　　　　　　　　　　　夜
　　　是點亮記憶的地方。

那是在大海之上的
遼闊建築。　是連綿不斷的吟唱

與展現。
寬闊的回廊延伸在白色支柱上。
敞開的露臺顯現著海浪的明暗變化，
一個人進入
穿過無法測量的寬廣水面。

Va la mirada inaugurando los trazos,
van las pisadas centrando la inmensidad.
Y su perfil
cambiante se va trabando.
Y su emprendida solidez
nos va infundiendo una claridad: la del espacio
que se entrelaza. Vemos
transparencia en los muros, transparencia en las densas,
despiertas olas y una alegría nos roza como un augurio,
como la aleta fina y sigilosa
de un pez.

Es la memoria el viento
que nos guía entre la noche
y en ella funde
su tibieza: Nos va llevando,
nos va cubriendo con su aliento. Y es su suave premisa, su
levedad
la que entreabre esas puertas:

Balcones, cuartos,
aromados pasillos. Salas
de inextricable y nítida placidez.   Ahí,
entre esplendores recién urdidos,
bajo el espacio imperturbable, recobramos, a gatas,
la expresión de los muebles,
su redondeada complacencia: Todo
nos cubre entonces
con una intacta
serenidad.   Todo
nos protege y levanta con gozosa soltura.

用目光書寫邊界，
用足跡丈量無限。
變幻的
線條不斷將它加固。
直到它堅固到
讓我們清晰見證：
空間的交錯。看到
牆的透徹，海浪的濃稠，清醒
與精心，我們努力耕作出的歡悅，
如同魚兒精緻鮮活而隱秘的
鰭。

在夜色中引領我們的
是風的記憶
在記憶中
它的寧靜創造著：以勇氣
引領並覆蓋我們。這是它溫柔的前提，
這是它在門環間
微微張開的遲緩。

陽臺、房間、
充裕的走廊。錯綜的
空間，清澈平和。那裏，
在初現的光輝間，
在沉著的風景中，我們悄悄地
讓金屬的裝飾顯示出
它完美的喜悅：那一刻
一切
完滿
和諧。　一切
庇護並賦予我們自由的歡快。

Manos firmes y joviales nos ciñen
y nos lanzan al aire, a su asombrosa, esquiva, lubricidad.
—Manos entrañables
y densas. Somos
de nuevo risas,
de nuevo rapto bullicioso,
acogida amplitud.

Todo
nos retoma y nos centra,
todo nos despliega y habita
bajo esos bosques
tutelares: Agua
goteando; luz
bajo las hojas intrincadas del patio.

*

Cedro, sándalo,
acendrado eucalipto.
Ahí volvemos,
ahí enredamos nuestras voces. Y un bienestar
incontenible, una ceñida plenitud
nos embriaga.
Somos, entre esos trazos, inmensidad.
Somos su deslumbrada coyuntura.
Y así cruzamos,
rodeando siempre ese centro,
bordeando siempre esa calidez, ese meollo intacto
de hacinada ternura, por la noche sin fin,
por sus pasillos

它用驚駭而冷漠的滑潤，
用堅定歡樂的手捆繫我們，並將我們拋向空中。
誠摯
強勁的手。我們
又一次地歡騰，
又一次喧吵著
劫掠。

在受庇護的
叢林之下：水
滴著；陽光棲身在
庭院中糾纏的樹葉下。
一切
重新攻佔我們，深入我們，
運用我們，棲身於我們。

*

純粹的
雪松、檀香木、藍桉。
我們回到那裏，
讓話語糾纏在一起。沉醉
在無法遏制的舒適中，
在捆綁的充實裏。
在那些線條中，我們旺盛而沒有邊際。
我們是繚亂無解的徵兆。
在無盡的夜色裏，
在深不可測的回廊中，
我們帶著堆積的溫柔，
總是，環繞著那個中心，沿著熾熱與完滿的智慧，

insondados.   Así volvemos:
por el lugar
que han conservado aquí,
que han emprendido aquí
para nosotros.

                  *

Ellos, los muertos, nos miran con sus ojos ahondados,
con su encendido corazón, y un desconcierto de niños,
un sobresalto desolado nos toca,

una tristeza oculta.
¿Dónde?
¿Dónde dejamos ese espacio?
Y en sus ojos precisos y extrañados miramos
esa misma pregunta:
¿Dónde? ¿Dónde dejamos,
dónde dejamos ese espacio?

III

Y es en la noche niña, en su apretado corazón
donde se abre ese jade.
Donde fluye y se entorna
ese jardín. Es en los ojos vivos
del jaguar de la noche:
Un parpadeo es el sueño,
otro es la muerte que ahora canta
con acendrada suavidad.

穿越。就這樣，
我們回來了：
在為我們保存
和起步的
那個地方。

＊

他們，逝者們，目光深切地望著我們，
他們的心被點燃，如同無措的孩童，
悲懼將我們擊中，

隱秘的憂傷。
何處？
我們在何處安放那空間？
在他精煉疏離的眼神中我們注視著
那個同樣的問題：
何處？我們在何處安放，
何處安放那空間？

三

那是溫柔驕縱的夜晚，它密實的心靈中
開鑿著美玉。
庭院的流動
和虛掩處。夜色中美洲豹
穿梭的眼：
眨眼是夢，
再眨眼則是純粹溫柔歌唱的死亡。

· 115 ·

Y su voz cadenciosa es un murmullo
de madre joven.

Toca su voz el filo
y el caudal de las cosas. Toca su sorprendido
corazón.

*

Ojos de jaguar son las hojas que cimbra el viento.
Fuego las deslumbradas mariposas.

Y su voz se abre a un hondo cavilar de la tierra,
a un hondo y tierno rememorar: lo que guarda,
lo que protege;   lo que ahora nace
entre las sombras.

Es su canto ancestral una cascada suave,
una ventana abierta a los cantiles del sol.

Todo
era incendio entonces:
los juegos, las buganvilias, los ígneos cercos
de los tabachines.

Como un jaguar que en la noche
se desplaza entre lirios. Como jazmines
que enciende el viento
sus palabras se tocan: Su canto fluye
y nos despierta.

它的聲音
如一位年輕母親的私語。

它的聲音
觸摸著事物的洪流與鋒刃。觸摸著
驚異的心靈。

*

美洲豹的眼睛如在風中晃動的樹葉。
熱烈的蝴蝶。

它的聲音面向大地的深沉思考，
面向溫柔深邃的記憶：被留存，
被守護；以及在今天的暗影中
被誕生。

祖先的歌謠傾瀉，
面向陽光峭壁的窗。

那時
萬物忘情燃燒：
遊戲，九重葛，鳳凰木
火焰的圍剿。

如同在夜色中
穿梭於百合花間的美洲豹。如同
點燃了風的茉莉
它的話語留痕：它的歌聲婉轉
將我們喚醒。

*

Una línea muy fina es el crepúsculo.

Rojo

sobre un sepia
animal.

IV

Agua
goteando; noche
cadenciosa:
En los nogales que en silencio la rozan
hay larvas ya
de catarina. Cruza
entre los estanques el frío de octubre.

*

Miramos quietos,
ocultos,
alejarse esa luz:

Nuevos ocasos y nuevos lirios despertaron la roca.
La roca blanca
y majestuosa.   Nuevas coronaciones.

Y bajo el templo de las jacarandas, imantado de azul,

*

晨昏是敏銳的線條。

紅

關於烏賊
這隻野獸。

四

水
在滴；夜
歌聲悠揚：
在胡桃木林中，在寂靜裏
黃色的七星瓢幼蟲觸摸著
景色。在池塘裏
黑夜穿過了冷漠的十月。

*

我們靜靜地
無知地
望著那光，遠離：

新的日落與新的百合喚起了岩石。
石頭潔白
神聖。美洲藍花楹帶著誘惑的藍，

修飾著廟宇，蝴蝶棲息在

· 119 ·

adormecidas entre estanques violeta, las mariposas.

∗

Toda esa noche bordeamos
para alcanzar el mar;
bajo el alba,
en la bruma,
se acercaron sus playas,
se tiñeron de voces, de resplandor. Gritos
como pequeños soles. Gozo
chorreante,
risas, y sus colmadas constelaciones.
Huellas breves,
cambiantes,
entre el oro y la arena.   Tus ojos,
suaves,
emprendían esa luz: Bosque
de transparencia, llama, cristal de roca:

En sus aguas fluctuantes,
inabarcables,
dejamos esto.   —Un día, de noche,
hemos de volver.

∗

Canta suavemente la muerte
en el umbral del patio,
bajo el silencio de los limoneros.
Canta con ardor maternal

紫羅蘭色的池塘間。新的圓滿。

＊

為了到達大海
我們航行了一整夜；
在晨曦中，
霧靄間，
海岸臨近，
混雜著濤聲與光澤。呼喊
如微小的光線跳躍。泉湧的
快樂，
歡笑，和滿載的星星。
金與沙之間
短促
而變幻著的痕跡。你溫柔的
雙目，
開啟了光明：叢林的
清透，火焰，岩石的晶亮：

在它變化的
無法被擁抱的水中，
我們將此留存。　—— 一天，一夜，
我們將回歸。

＊

在庭院的邊緣，
在檸檬樹的寂靜下，
死亡溫柔地吟唱。
以母親般的灼熱唱給

a quien la escucha. A quien la ve tender,
con ternura,
su andamiaje de sol,
sus misteriosos y claros
vínculos.
Cruzan, de pronto, pájaros,
innumerables pájaros en bandada sobre el auge del río,
sobre el blanco tendido en sus orillas.   Las lavanderas
se callan,
los ven pasar.

*

Huerto en flor; sesgo, azahar,
jardín agreste. Niña
que ataja el viento
entre los naranjos.   Corre,

sin voltear,
sobre prados recién trazados. Recién abiertos
por el color. Prados que ilumina y extiende,
frente al rapto del mar,
una mano pequeña.
                        —Recién volcados al silencio:
a sus remansos; su encendida
amplitud.

*

Un roce enarca,

那正在傾聽的人。柔情流動在
注視它的人前。
它光亮的腳手架，
神秘而又清晰的
觸碰。
鳥兒，匆忙地，穿過，
無數鳥編織成的鳥群掠過，
白色堤岸邊的水面。白鶺鴒
沉默，
飛過。

＊

鮮花盛開的果園；柑橘花靜靜綻放在，
草葉繁茂的庭院中。女孩
在橙樹間
順風而行。堅定地

奔跑在
初生的草地上。新綠
修飾著那片土地。它稚小的手，
在海浪的掠襲前，
照亮，並延伸著草叢。
　　　　　　　　沉寂的綠
因為草原的遲緩；因為草原燃燒的
遼闊。

＊

摩擦

modula, los lomos tenues del paisaje.

—Una incisión lo cimbra.   Lo espabila.

✳

La muerte,
como un laurel,
bebe los ecos de las casas.   Como un mastín
las vigila,
les abre un cerco en la maleza.
Mira
desde las puertas.
Desde los muebles
descentrados y entre el color
de los objetos.   Cuando cruzan dos líneas
está ella allí. Está su vértice
y su principio.

 Alguien contaba entonces:
"Era una boda. No lo supimos

hasta que dieron vuelta sobre esta esquina;
venían los músicos primero, algunos niños
y luego ellos: la novia, rebosante, rolliza
y entrada en años,
y el novio, jovial

y henchido de orgullo.   Así
atravesaron el parque

讓風景纖弱的脊背彎曲，變調。

停頓讓一切晃動，變亮。

死亡，
如一株月桂樹，
汲飲著家宅的回聲。　如同一頭猛犬
守護住所，
在雜草叢間打開圓形洞穴。
看
從門邊。
從離心的
牆頭物件的色彩中
進入。　當死亡來到
線索交織的地方。那裏是它的初始
也是它的終點。

　有人在那時說：
「曾經是一場婚禮。我們不知道

　直到他們在這個街角拐彎；
　最先來到的是樂師、幾個孩子
　他們之後：粗壯、年老、
　不堪的新娘，
　和活潑

　而驕傲的新郎。　就是這樣
　沉醉在喧嘩奢靡中

embriagados de estruendo."
La muerte,
ya lo sabemos, estaba ahí. Y no porque
alguno fuera a morir de pronto, o en poco tiempo,
ni en unos años. Estaba ahí, como siempre,
entre las bancas y las palmeras.
Estaba ahí, entre los vendedores,
como un respiro o como un rasgo.
Como una línea en las baldosas. Sonreía,
sin malicia, sin impostura, y era un espacio
entre los alcatraces. Por momentos nos cruza
o nos hace voltear. Algo
preciso nos muestra entonces. Algo muy claro
y demarcado.

Lo que de pronto nos hace ver es siempre nuevo. Viene,
quizás, desde muy lejos, desde otro tiempo,
pero se inicia ahí. Lo abordamos con gozo, con calidez;

vemos su cauce como algo nuestro. Algo
que crece dentro.

Vemos su tibia almendra,
su veta límpida

                    o ese pájaro
que un día llegó hasta la ventana y quisimos tocarlo
en el tiempo del cuarto
que ve el jardín.

Coral Bracho

　　　　　穿過了公園。」

正如我們所知，

死亡，在那裏。不是因為

有人很快，或在幾天，

或在幾年內即將死去。一如從前，

死亡藏身於長凳和棕櫚樹間。

如同一次喘息，或者一道輪廓，

它混跡於小販之中。

死亡如同鋪地細磚間的縫隙。它微笑著

它不邪惡，也不詛咒，它是斑葉阿若母枝葉間的

那道間隙。在不同時刻穿過我們

翻轉我們。

向我們展示精準、清晰

而又界限分明的某種事物。

＊

很快讓我們見到的總是新的事物。或許，

來自遠方，來自另一個時空，

卻在別處肇始。我們歡快激動地在其中航行；

我們視它的河床為己物。某一個

生長在內部的事物。

我們看到它溫熱的卵石，

清透的紋理

　　　　　或者那隻

某一天來到窗口的鳥

我們本想在面向花園的房間裏

抓住它。

Sobrevolaba
entre la ropa y el olor de almidón,
la blancura envolvente
y el calor húmedo.
                              Esa ventana ceñía
otros dos jardines.
Eran semejantes al nuestro.   En uno de ellos
se abría el silencio
y acaecía reordenado en senderos y triángulos.
En el otro, a la izquierda,
se urdían rosales
y su gesto era menos exacto.
Sólo en el nuestro reinaban árboles.
Y esa oscura tibieza
persiste ahí, palpitando frente a la higuera
y entre blandos vapores.
Algo dulce se aquieta
entre esas ropas,
entre esos límites
ondulantes.

O aquel río entre la selva,
exultante de frescura
y enredando su azul, su cielo alegre
y su viveza.

*

Y alguien, tal vez, dirá: son los recuerdos,
son los recuerdos que se entrelazan
como briznas al sol,

　　　　　鳥兒
白色裹身
溫暖而潮濕
穿過滿是澱粉味的衣服叢。
　　　　　另兩座庭院
環繞著窗戶。
它們與我們的院子相似。　其中一個
極為寧靜
被小徑劃分成各異的三角形。
另一個，在左邊，
滿院薔薇
神情模糊。
只有我們的院子為樹木主宰。
幽暗的溫熱
盤踞於此，在無花果樹前
在溫柔的蒸汽間顫動。
在衣物間，
在那些起伏的
線條間，
甜美的事物獲得了寧靜。

蜿蜒在雨林中的河流，
清新蔥鬱
揉亂了藍色，歡快的天空
與艷麗的生機。

　　　　　　　　*

有人或許會說：是記憶，
交織的記憶
如同面向太陽的藏紅花，

como estrellas vertidas sobre arena.
Su universo es la sal
que refulge un instante, y en otro instante
se disuelve.
Un reflejo es la mesa
en la pequeña sala, otro el tiempo
volcado
que la tiñe.   —Y no;
son espacios continuos;

hilan su rastro oculto
y lo improvisan. Buscan
y reinician sus huellas
desde el dintel, bajo las ramas húmedas
del ciruelo,

y es el olor del pino el que está

y nos protege.

V

La muerte, como un acorde cristalino,
como un arpegio permea
y sostiene al tiempo.
Como una sombra lo extiende, le da volumen.

Un instante
y su fin:
su borde; el eco

如同流溢在沙上的星辰。
它的世界
在一個瞬間閃耀，在另一個瞬間
溶解的鹽。
一種映射成為陋室中的
桌子，傾覆的
時間
將它染色。——哦不；
是延續的空間；

即席創作，並編織了
神秘的印記。從門楣上，
在洋李樹濕潤的枝頭下，
尋找
和重啟記憶的足跡。

松樹的氣息在那裏

庇護我們。

五

死亡支撐著時間
如同清脆的和絃，
如同琵琶之聲沁入內心。
暗影讓時間延伸，賦予聲音以力量。

瞬間
和它的終點：
它的邊緣；餘音

liberando caudales: bosques, recintos, sal; sendas
tangentes;
y esta cadencia intacta
de mares íntimos.

*

Y allí tú, sosteniendo ese decurso de astros,
esa maleza oculta y enraizada
bajo un río primordial. Abrías el oro
del estanque
y en él abrías el luminar del tiempo,   su seda henchida,
su corola.
Abrías su fruto entre las hojas
y era pequeño y hondo
como un níspero. Dorado y suave
como un cristal.   Entre el delirio
de reflejos.

VI

Cruza la zorra blanca bajo otro plano;
su huella enciende la montaña.   Risas:
amarillo que canta. Soles templados
frente al azul.
Un arroyo entre llamas,
un enjambre de luz el murmullo del álamo;
un susurro de arena,
de semillas.
La zorra mira, se esconde; es también la nieve.

解放它們：森林、區域、鹽；筆直的
小徑；
以及這大海幽深處的
純淨旋律。

＊

在那裏，你支撐著星體的延續，
大河之下
紮根的隱秘草叢。你開啟了
池塘的金色
在其中閃耀著時間，大量的絲綢，
與花冠。
在枝葉間覓到它的果實
小而厚實
如同歐查樹果。發出柔和的金光
仿若玻璃。　在冥思的
譫語間。

六

在另一個平面中穿梭著白狐；
它的足跡讓崇山激奮。　大笑：
歌唱著的嗜睡蠶。面向湛藍的
溫和陽光。
火焰間的溪流，
光的流星群，楊樹的竊竊私語；
砂礫，
和種子的颯颯聲。
狐狸四顧，躲藏；一場大雪。

· 133 ·

Cada sol que se asienta en su blancura deja un mar de
[quietud,
cada moneda suave,
cada hoja precisa y redondeada un umbral,
un silencio que envuelve.

✳

¿Y qué
si aquel que cruza entre los setos;
si aquel que baja
y se detiene ante el brocal hundido de la muerte
    es un niño?

¿Y si esa niña que vuelve,
cruza la sala, el cerco
de miradas, de luto   —ella,
la que rehuía su rastro,
su peso ahí,
su hueco oscuro, corriendo,
volteando y corriendo a trechos entre muebles sin gesto?
¿Ella, en quien un hondo pozo de ternura se enreda ya
y urde veneros y raicillas, profundos huertos—   entra
tiritando,
a esa sala, y de ahí la entrevé:
Un peldaño de hielo
y otro?

✳

每一個安放在自身白色中的太陽都留下了一片寧靜的

海，

每一枚柔軟的硬幣，
每一片被門檻和寂靜纏繞的
精確而彎曲的樹葉。

＊

那個
在籬笆中穿行；
在死亡的井欄前止步，並墜落的
　是孩子嗎？

如果女孩回來，
被目光和哀傷包圍
穿過客廳——她，
逃避自己在別處的蹤跡，
重負，
幽暗的洞穴，
在木訥的傢俱中，間斷地奔跑、翻轉？
深井的溫柔
在水泉與鬍根間纏繞，幽深的果園——
她顫抖而入，
來到廳堂，從那裏隱約看見：
冰的階梯
和其他？

＊

¿Y qué de ese dolor sin fondo,
de ese mar ya vaciado, negro
entre lo negro sin bordes?   Algo ficticio
tiembla, se burla dentro.

Un alfil; un perímetro.
Una fisura que así respira.
    Garabato que finge:
y ahí su absurdo, su persistencia,
su abyecto alarde.   Azuzante
y falaz
    es el vacío: Nada
que en él despierte.
Sólo altivez.
Sólo su error oblicuo.
Imperturbable.

¡Un instante,

un instante tan sólo del calor de su cuerpo,
su entrañable extensión.

Sólo un instante
de sus ojos, sus manos!

Acallante y tenaz es el vacío,

                —Nada, nadie
que en él despierte.

                    *

是甚麼屬於那沒有盡頭的傷痛，
那已被騰空的大海，
在無邊黑暗中的黑暗？　虛構的事物
顫抖著，在內心自我嘲笑。

一顆象棋；環繞的邊界。
如此呼吸的裂紋。
　　　　偽造的潦草字跡：
那裏是它的荒唐言行，它的堅持不懈，
它的下作炫耀。空虛
是虛假和
教唆。　沒有事物
在空虛中蘇醒。
只有傲慢。
只有它傾斜的錯誤。
沉著冷靜。

一瞬間，

只屬於體溫的一瞬間，
是它誠摯的領地。

只屬其雙目和雙手的
一瞬間！

空虛是安靜與堅韌，

　　　　沒有事物，沒有人
在空虛中蘇醒。

＊

La zorra mira,
se detiene.

Años, siglos, de ver la nieve. De ver quietud
en la montaña.

*

¿Y cómo, desde ahí,
desde ese filo, ese grito
retenido, desde esa abrupta
orfandad, se extiende un reino?

Un brillo suave entre los crisantemos. Una palabra,
una textura.

*

Todo el peso,

el delirio, de la piedra,   su vastedad,
se transparenta.
Todo el reflujo ardiente de la piedra.

Es trazos leves y frescura
la montaña; su luz.
Lenta cascada entre la calma su ceñido cristal.
Lenta, torneada flama
su interno gesto contenido: Mar
que resguarda. Aliento intacto
que protege.

狐狸止步，
注視。

積雪，萬千年，世紀輪換。山巒的
寧靜。

＊

如何從那裏，
從那刃處，從留存的
呼喊，從陡峭的
無依中，延展出一個王國？

菊花叢中一縷溫柔的閃耀。一個詞，
一份織物。

＊

石頭，

所有重量，所有譖妄，顯露出，
它的遼闊。
一切屬於岩石潮落的燃燒。

崇山輪廓黯淡
蔥鬱；它們的光明。
瀑布在玻璃晶體捆縛的沉靜中徐緩而下。
火焰悠悠旋轉
它的表情隱匿著：　守衛的
大海。呵護的
純淨呼吸。

Brasa profunda que fluye y se alza
desde otro tiempo,
bajo otro rapto, otras fisuras.

Todo el deslave pétreo de las nubes,
su torneada unidad.

*

¿Y cómo, desde ahí, desde ese espejo
que se ovilla?
                    Otra

la mirada animal,
su hondura suave, su caricia.   Tiempo que irradia

entre las hojas.

VII

La zorra cruza, se esconde. Es también
la nieve. Es el bufón.
(La áurea fluidez
del saltimbanqui).   Es
    la espesura oculta.

        —Y en ese arraigo que se extiende,
en esa red,   ese mirar que se repite,
en su arrecife constreñido: un dintel,
un avispero entre la paja; un venero, un vitral.

幽深的炭火
在失神間，在裂紋中，
在另一個時空流動和高聳。

雲端上所有岩石的沖蝕，
旋轉中的統一。

＊

如何？從那裏，從那纏繞的
鏡中
　　　　　窺得另一個

野獸般的目光，
它深沉的溫柔，它的撫摸。　　樹葉間

照射出的時光。

七

狐狸穿梭，藏身。雪
還在。丑角在
（雜耍藝人
　身姿流暢金光拂面）。
　　隱秘的濃厚在。

　　在延展的根基中，
在網中，在不斷重覆的注視中，
在被束縛的路基中：過梁、
稻草間的馬蜂窩、水泉、彩色玻璃窗。

¿Y cómo,
desde ahí,
desde ese cerco,
esa mordaza?

∗

Sube
la procesión,

se filtra por esas calles, entre esas sendas,
y un aroma de flores, de humo,

de incienso opaco
la reconcentra.
Largos cabellos, largas túnicas;   todos
van disfrazados.   Y algo entre los ramos,
en la luz,
los inquieta;
los aligera.   Se tropiezan, voltean,
pierden el paso. Tocan
sus tibias máscaras.

Algo intacto entrevén.

Y es el viento que irradia entre los arrozales,
es la higuera,

∗

如何，
從那裏，
從那包圍，
那韁繩？

*

聖週遊行隊伍
現身，

滲入街道，小徑，
鮮花的馥郁，煙，

來自悲戚的香火
匯聚在遊行中。
馬隊逶迤，長衫覆足；所有人
皆已喬裝。　花束間，
陽光下，
人群惶惑，
人群空曠。　磕絆，轉動，
腳步踉蹌。碰撞
溫熱的面具。

純淨已然潛入。

那是稻田裏拂面的風，
那是無花果樹，

*

· 143 ·

O ante esa atenta avidez, desde esa noche

—ardiendo aún sobre los cerros—
una cascada de caballos:

alaridos, antorchas; vienen
a galope, entre la lluvia, es el rey, son los cristianos
en torrentes, por fin,

grandes arroyos negros.

Y ahí, en el centro, en esa lanza
—como un rescoldo
inverosímil
        (su estridencia), como un error
    irreparable,
una fractura fulgurante su sesgo añil—

        la cabeza del moro.

Baja la reina a la capilla,
llegan las damas. Se alza, cauto, el rumor
de los espectadores. (Algo
ficticio tiembla, se enciende dentro)

Y es el bufón que observa entre las matas
y rompe el hilo: caen los caballos,

caen las máscaras. Se alzan
los tenues velos.

在投入的渴望前，從那一夜

——山脊上燃燒的是——
大隊騎兵：

吼叫聲，火把；在大雨中
飛奔而來的，是國王，最後，
黑色的洪流

奔襲的基督徒。

那裏，中央，車轅上，
——如同難以置信的
炭火
　　　　（刺耳的尖聲），如同一個無法挽回的
　錯誤，
迅猛斬斷寧靜的靛藍——

　　　　　　穆斯林的首級。

女王下馬直奔禮拜堂，
侍女們同行。圍觀者起身，發出
細微聲響。（虛構的事物
顫抖著，炙熱）

小丑在叢莽間觀察
扯斷繩索：坐騎跌落，

面具四散。輕薄的紗幔
飄起。

(Como un rescoldo
inextinguible; como un candil.)

Rompe
el bufón la red
de los espectadores.   —Pliega los toldos, los asientos.
Barre el alarde de los puestos.

Entre las formas tenues de las piedras
bajamos.
La noche se abre en la ladera;

en su tibia humedad.

O aquella calma retenida:
los peldaños, las voces,
el reflejo del mar.
Las secuencias que fluyen, ágiles.
Es una alcoba, luego una estancia que se extiende
entre el olor de arena.

Los espacios convergen;
se integran en esa trama, la respiran;
dejan su honda quietud.
                              Y de pronto, en los
     bordes,
las sombras cambian.

Cambian la utilería, los parlamentos...

　　　　　　（如同一簇無法撲滅的
炭火；如同一架燭臺）

小丑
打破觀眾的
處境。　將帳篷和座位摺疊。
檢查，並打掃不同位置。

在山岩稀薄的形式間
我們墜落。
夜色在山坡上打開；

在它的溫潤中。

　　　　　　　　＊

或者那些緩慢：
臺階、聲音、
大海的光澤。
敏捷流動的場景。
一張巨網，之後是在沙粒氣息中
遼闊的莊園。

空間匯聚；
融入情節，在情節中呼吸；
留下深沉的寧靜。
　　　　　　　很快，在
　邊緣，
影像變幻。

場景變換，言談變換……

—Y es el perro faldero del conserje
el que tira las mantas,
el que esparce el vestuario, las pinturas.   Es el niño
que juega
entre los andamiajes.

Es la puesta del sol.

El tramoyista que entró y volteó el espejo.

—Y algo en ese exacto cristal,
en ese encuadre, se altera, se estremece.

VIII

Es la muerte que hiende en los traspatios
un arco nuevo:
                              una afilada

lentitud.   Tiende sus níveos
brazos como una reina   y luego aspira
y se apresura:

una estela de pieles blancas
la dibuja y la sesga:
                                        nuevos pasillos,
nuevas puertas.
Nuevas sendas que se abren,
    que se alejan.

管家麾下那個愛在女人堆廝混的僕從
鋪開了毯子
散開了衣裝與畫作。　那個
在腳手架間
遊戲的孩子。

　落日。

佈景員進來轉過鏡面。

　那塊精確玻璃中的某件事物，
在場景中，慌亂，震驚。

八

　死亡在後院劈開了
一個新的圓弧：
　　　　　　　　　磨尖的

緩慢。像女王般舒展它雪白的
雙臂　然後呼吸
加速：

雪白肌膚的餘痕
被描繪，使平靜：
　　　　　　　　　新的走廊，
新的門戶。
新的路徑開闢，
　遠行。

Tu voz;
el hondo sol de tu mirada, su calidez.

∗

¿Y cómo, desde ahí,
desde ese espejo abisal?

(Es la noche que se hunde entre los cobertizos.
Es su ruido.   Hurga y escarba
entre los cestos, contra la piedra en los abrevaderos.)

—Es la muerte que trastoca;   su placidez.

∗

Noche a noche aparece,
entre la nieve,   en las ventiscas,
frente al umbral de una cabaña.

Cuelga sus pieles a la entrada
y comienza a limpiarla.

Nadie
la escucha nunca.
Nadie la ve.

(Es el viento que vuelve, que se filtra).

∗

你的聲音；
你視線的誠摯陽光，它的熾熱。

＊

如何從那裏，
從大海般幽深的鏡中？

(那是陷落在棚屋間的夜晚。
　它的喧嘩嘈雜。觸碰
　和爬行於靠在飲水槽石塊上的筐籃中。)

——那是攪亂了一切的死亡；它的歡樂平靜。

＊

夜復一夜，
在大雪中，暴風肆虐在
茅舍門檻前。

將自己的皮毛掛在入口處
開始清理。

從未有人
聽說過它。
沒有人見過它。

(回來的是風，滲入的也是風。)

＊

Cambia la urdimbre de los hechos,
cambia su peso;   cambian sus ecos, sus reflejos.

                                        —Unos

en otros ven.   Unos en otros
   se despejan.

—El mismo ardor, la misma sed, el mismo fiel
que los enfrenta.   El mismo azar.

Y es principio
y envés
su embrollo lúdico.   Su aérea frescura
discordante.

                         Es espejo,

caudal.

—La huella viva de los gestos. Su singladura.

                                        Vuelcan

sus lindes,   dejan

sus playas sueltas
—Y es el viento que irrumpe entre los bastidores

                                        es su arrastre.

El viento suave
que nos roza,

que nos alumbra.

—Es el bufón que inquiere.

事實的經緯變幻，
變化的還有它的承重、回聲與映射。
　　　　　　　　　　　　　　某些事物中
映現著另一些存在。　它們在他者中
　清澈自在。

——同樣的灼熱，同樣的渴望，同樣的忠誠
對面。同樣的偶然。

是初始
和它遊戲般雜亂的
背面。　它輕薄與不和諧的
清新蔥鬱。
　　　　　　　　　　是鏡子，
閃爍。

——表情的生動痕跡。它的航程。
　　　　　　　　　　　　　　傾覆了
地界線，令

海灘鬆散無拘
——闖入佈景框的海風，
　　　　　　　　恰是它的魅力。

溫柔的風
摩挲著我們，

為我們照明。

——問詢的正是小丑。

　　　　　　　　　　　· 153 ·

*

Toca el cantil de los objetos, toca sus bordes
(y eso, que es a la vez hondura y superficie,
que es extensión, fluidez)

—Son los espacios que acontecen.   Sus cuentas de agua.
Sus linderos;   sus lajas
que se empalman.

(Es la yegua que vuelve a los abrevaderos.

Suavemente
patea la piedra.)

—Su apacible fulgor.
Son las praderas que confluyen. Su inmensidad.   *Tu*
                                                          [sombra
tenue entre la higuera. Ante el fino brocal.   —Son
                                                          [extensiones
que se enlazan.

IX

—Los niños entran en esa luz.   Ese esplendor
que se entrevera, esa asonancia,
esa espesura intacta entre las cosas,

y ahí se aíslan,

*

觸摸物件的懸崖，觸摸它們的邊緣
（那，平面的深淵，
　遼闊與流暢）

——生成的空間。它的流量。
它的界標；那些接合在一起的
石板。

（回到飲水槽的母馬。

溫柔地
踐踏石塊。）

它的光，溫和舒適。
大草原匯集在一起。它們廣闊無垠。　　你
　　　　　　　　　　　　　　　　　微弱的
身影在無花果樹間。在精緻的井欄前。　　是
　　　　　　　　　　　　　　　　　聯結的
遼闊。

九

——孩子們進入那束光中。那混雜的
光輝，那共鳴，
那事物間純淨的濃厚，

蜷縮一隅，

se acurrucan.

(Toca, con la mejilla, el suave confín del muro:
Su calma viva, su volcado saber   —Su afable, fresco,
pronunciarse)
—Ese caudal que irradia entre las cosas: Su discurrir

bajo una oscura
duración.

*

Y ellos, los que se aman, se vuelven y así entreven.
Así se entornan y se abisman.

Urden y entreabren en la trama ese espacio,
ese jardín que es eco

e imantación.   Honda espesura,
sol.

    —Sombra que incita, que devela.   Ellos,
que al tocarse se acendran
y unen cadencia
e infinitud,   tibia tersura
y universo. Templo.

(Toca el bufón el filo
tangencial de las cosas.   Toca sus sombras.)

—Que en sus caricias traban

在那裏遺世獨立。

(用臉頰，觸摸，牆壁溫柔的界限：
它鮮活的沉靜，它摺疊的領悟——它和藹，它清澈，
發出聲音)
事物間映射出的廣博：在暗黑的

延續中
流過。

* 　　　　　　　　*

它們，相愛，回轉並隱約顯現。
彼此虛掩又茫然失措。

在空間的格線中策劃，開啟，
庭院就是回聲

與誘惑。　深沉的密度，
太陽。

——被激勵，被展露的影子。它們
在接觸中彼此磨練
融合了旋律
與無限，溫熱的純潔
和宇宙。廟宇。

(小丑觸摸了事物的
鋒刃。觸摸了它們的影子。)

——在它的愛撫中

· 157 ·

un comienzo, un remontable transcurrir: Magma, lugar
que habita,   dejan
ahí su ardor, su hondo, abrasivo
sentimiento.
Lo dejan en esa trama, en ese asido
torrente,   y es su fuego
sustancia.

*

Esa quietud que se abre entre las cosas, esa avidez.

—Como el borde apacible de un oráculo, como su rastro suave
cambiando siempre; siempre cediendo su manantial
en trazos finos que trastocan.
Siempre viendo a través.
Volviendo al fondo en la acendrada superficie.

—Y ellos, que así entrevén,
que así se toman, se traslucen.

Esa amplitud entre las cosas, esa fluidez.
Ese impulso que abarca, que sostiene: ese oscuro
saber   y su rebalse generoso.

(Una arista es el bufón,
una mirada
    que entreabre un margen. Que traza y deja
un dintel. Ve desde fuera
una rendija.   Junta las hojas.

開始，和積累的逝去的，年華被束縛；岩漿，棲息
之地，留下了
它灼熱和深刻卻易磨損的
情感。
將情感留在方格之內，留在被緊抓的
激流之中，它的烈火
和旨意。

*

事物間展開的安寧，貪婪。

——如同天意寧靜的邊沿，如同它不斷變換的
溫柔印記；不斷後退的源泉
精細的輪廓被翻亂。
總是能夠看到，穿透。
從精煉的外觀回到最深處。

——它們，如此猜測，
如此採納，並顯露。

事物間的遼闊與流暢。
包含和維護著的衝力與刺激：那暗黑的
所知　和它慷慨的蓄積。

(交匯之處是小丑，
　目光敞開
　邊緣。描繪並留下
　門楣。從外部窺見
　縫隙。將樹葉匯聚。

—Sobre la mesa intacta la moneda de luz, los trazos
                                                    [limpios
de un nautilus. Su delicada
convergencia, su umbral).

Esa quietud que se ahonda entre las cosas, esa
                                                    [embriaguez.
Ese meollo asible de hacinada ternura,
    ese delgado

envés.

    Los muertos vuelven también allí.

De allí nos miran; nos reflejan. Nos orillan

a ver.
                    Unen

la luz del tiempo, las estancias abiertas, incesantes,
del tiempo, su entramado acaecer,
sus desbordadas resonancias en el cenit
de una alcanzada desnudez: este gozo que vuelve,

nítido.

Esta radiante

hilaridad.   Esta risa que funda
y su fisura.

──在塵封的桌面上承載日光的貨幣，鸚鵡螺
                                                    線條
清澈。它精美的
匯聚，它的門檻。)

那些在事物間深紮的平靜安寧，那些
                                            陶醉。
那些在柔軟中沉浸的智慧，
    那些脆弱的

背叛。

    逝者也回到了別處。

在那裏凝視我們；映照我們。避免

張望。
            匯聚

時間的光線，歲月開放而又不停歇的
駐留，它的原始框架，
在可觸摸的赤裸中，
在頂點漫溢的迴響：這回歸的歡愉，

清晰磊落。

這奕奕的

歡樂。　新鮮的笑容
和它的裂紋。

—Como un venero, un amuleto.   La fuente oculta
de un jardín.

Este huerto, este rapto
que heredamos
como una abierta melodía entre la noche, como un
                                                    [destello,
                                    una pregunta

este cuerpo

                              ✳

y su sed.

—De allí nos hablan,
de allí nos llaman,   como entre sueños.

                        De un sueño a otro

nos llevan.

De un sueño a otro nos trazan,   nos transparentan.

Como rasgos muy tenues en un paisaje.
Como respiros.   De un sueño a otro buscamos
la solidez: este fuego

que enlaza, que perdura.
Esta pasión que arraiga,
que arrebata,   y su acentrado contrapunto,

——如同一汪源泉，如同護身符。花園
隱蔽的水池。

這院子，我們所繼承的
失神的衝動
如同夜色中開放的曲調，如同一抹
　　　　　　　　　　閃亮，
　　　　　　　　一個問題，

這身軀

＊

和它的飢渴。

——從那裏與我們言説，
從那裏呼喚我們，如同在夢中。

　　　　引領著我們

　　　　　從一個夢到另一個。

從一個夢到另一個描繪我們，展露我們。

如同風景中微弱的輪廓。
如同呼吸。從一個夢到另一個我們尋找
堅固。聯結和持久的
火。
生出了根，
又被席捲的激情，
這聚攏的旋律，

este sentir que engendra.   *Y a tu mirada se abre*
lo que aún refleja.

     Unen
la luz del tiempo,   las estancias abiertas, incesantes,
del tiempo, sus remontables laberintos, su abarcable
                                        [acaecer:

Este aliento,
esta savia que funde, que transluce, que nos envuelve
como un oleaje,
como un acorde: Estos contornos íntimos.

—un giro breve del cristal.   —Una arista de luz.

Una textura.   Una palabra.

     —Porque la muerte tiene
en el colmado corazón de la vida
enraizados sus vértices,

                                   y en ellos arde,
en ellos cede,   en ellos une

esta espesura.

所激起的感受。　迎著你的目光打開了
映射的事物。

　　匯聚
時間的光線，它開放不停歇的駐留，
它累積的迷宮，和包含在時間之中的
　　　　　　　　　　　發生：

這呼吸，
這熔化，表露並將我們包裹的活力
如波濤，
如和絃：　這幽靜的風景。

——玻璃的短暫轉動。　——光的交匯處。

織物。　話語。

——在生命充盈的心靈中
是死亡紮根的
旺盛，

　　　　　　　　　它在旺盛中燃燒，
在旺盛中讓步，在旺盛中匯攏

厚密。

ESTA PALABRA OCULTA ABRE SU SELVA (2005)

《這晦澀言語打開了它的雨林》（2005）

Esta palabra oculta

Coral Bracho

Esta palabra oculta
abre su selva. Su ensortijada
sombra. Entra al agua
el lagarto
y la luz se separa. El fantasma
se acerca,
cuchichea. Como un muro que se alza
contra las olas.
Como un espejo encajado en la mitad del arroyo.
Todo lo desdice en silencio,
todo lo quiebra.

這晦澀的言語

這晦澀的言語
打開了它的雨林。它繫著鐵環的
影子。蜥蜴
入水
光線流離。幽靈
靠近，
低語。如同一座高起的牆
抵禦著浪。
如同一面嵌入溪流的鏡子。
一切幻滅在寂靜中。
一切已終止。

CUARTO DE HOTEL (2007)

《酒店房間》（2007）

Comenzaron a llamarte

Comenzaron a llamarte las piedras, respiraban,
sus numerosos rostros, su palpitar
gesticulante,
desde los muros. Veías
la entrada de la cueva y sabías. Tótems
fundiéndose. Una
respiración sobre otra. Es para ti. ¿Y qué habría
sido?
¿Y de ti qué habrían ganado y para qué?
Pero no entraste, sólo
Te quedaste mirándolas.

它們開始呼喚你

它們開始呼喚你，石頭，呼吸，
它們無數的面龐，它們的怪相
顫抖。
從懸崖的側面。你可以看見
洞穴的入口，並且你知道。圖騰
融合在一起。一次呼吸
接著一次呼吸。是為了你。還能是
為了甚麼呢？
它們能從你這得到甚麼，又是為了甚麼？
但是你並不進去，只是
站在那兒承受它。

Los cuartos no son como deben ser

Coral Bracho

Los cuartos no son como deben ser
ni son la suma que aparentan.
su diario esbozo del contacto:
Del perfil que protege en los objetos
y que éstos brevemente le dan.
De los rasgos cambiantes
que comparten.

Ellos se saben, se definen en esos bordes,
como en los filos de un espejo:
ese sentir delgado que une el espacio a la solidez,
que la corta y conjuga en su incesante trazo.

房間不是它們顯示的那樣

房間不是它們顯示的那樣
也不是所看到的它們的全部。能明確的是
它們每天接觸的記錄：
既有房間給物品打的烙印
也有物品給房間的烙印。
它們共同分享
變化的個性。

它們在邊界處，瞭解自己，規定自己
就像鏡子的邊緣：
感覺那麼單薄，卻將事物縫在了空間中，
在無盡的圖畫裏，切開，然後縫合。

Era sólo un sonido

No era un respiradero
ni un ancho tubo pulsante
en donde estaba inmersa.
Era sólo
un sonido que el techo maternalmente
apagaba
si me veía extenderlo. Si lo veía reconcentrarse
y gesticular en mí.

僅僅是一個聲音

我所沉浸的
既不是一個金屬的肺
也不是一條搏動的管道。
僅僅是
一個聲音，並且它被天花板溫柔地
關閉。
因為它來自於我。因為它愈演愈烈
並且在我的體內翻滾。

Cuando alguien entra en un cuarto

Cuando alguien entra en un cuarto
reemplaza el tiempo, la trama,
de su red de incidencias. Cada mínimo
rasgo, cada gesto,
cada espacio mental y su sensación,
filtran su habitado contexto, elástico
interponerse,
propiciar.
Innumerables concreciones posibles
despiertan,
desencadenan. —Todas coinciden
y se afectan:

La piedra
que va a caer
cambia el pozo
y el agua
que inexorablemente, en su descenso,
la alteran.

Todos entran al cuarto,
todos lo observan.

當某人進入房間

當某人進入房間
在這一刻的光暈中，
時間和情節都被替換。每一處最微小的
輪廓，每一個姿勢，
每一塊意識的空間和它的感受，
清洗它存在的血液，靈活地
協調，
或者尋求幫助。
無數可能的融合
在這時蘇醒，
掙開枷鎖。—— 一切溢滿感情
一起奔跑：

即將墜落的
石頭
改變了水井
和井中之水
在它的墜落中，毫不留情地，
將其改變。

所有人進入房間，
所有人融入房間。

¿Qué querían decir?

¿Qué querían decir, insinuar,
esas caras?
¿Qué querían decir desde su incisivo
lugar común, sus burdos tajos,
su fijeza, una después de otra? Muecas
grotescas, arcaicas,
secas. ¿Qué querían incitar, decir?
Dueñas de otro lenguaje,
de otro sentir ya desmentido. —Abría los ojos
para dejar de ver.
Para no articular lo que añadían sus gestos,
para no conceder. ¿Qué querían concitar, decir?

它們想言説甚麼？

那些面孔，想言説甚麼？
暗示甚麼？
從它們敏鋭的常識，從它們粗糙的傷口，
從它們固定的身影，一個又一個，
想言説甚麼？怪相
愁容，老態，
枯形。想要激勵甚麼？言説甚麼？
另一種語言，
另一種已被消解的感受的主人。——我睜開眼睛
為了不再觀看。
為了不再接受表情的意義，
為了不妥協。它們想要激勵甚麼？言説甚麼？

Entre estas ruinas

Este hotel es una antigua escuela,
uno lo siente a pesar del tiempo.
A pesar de los muros derruidos,
de los espacios rotos. Los que viven aquí
parecen estar de paso. Unas horas
al día. Algunos meses.
Seguramente
tienen sus propios cuartos,
pero dan la impresión de estar siempre cambiando.
Hace tiempo que busco entre estas ruinas mi habitación.
No sabría decir desde cuándo, pero ahora
he salido a lo que debió ser un jardín
o algún patio trasero.
Desde aquí todos los espacios están invertidos.
Tal vez reconozca la fisonomía de mi cuarto
por su revés. O tal vez reconozca de él
algún sonido.

在這些廢墟間

這座酒店是一所古老的學校，
儘管時間流逝，你依然能夠感覺到。
儘管牆已塌，
房已損。那些住在這裏的人
似乎是匆匆過客。每天
數小時。幾個月。
可以確信
他們都有自己的房間，
卻留下印象，他們總在變化。
很久以來我都在這些廢墟間找尋自己的房間。
不知道已有多久。但是現在
我已通向一座花園
或者某方後院。
從這裏所有的空間被反轉過來。
或許通過它的背面能夠認出我房間的
外觀。又或許是某個聲音
就能立刻將它識別。

SI RÍE EL EMPERADOR (2010)

《如果皇帝笑了》（2010）

Y no es ahí donde se muestra

Ese animal.
Ese espesor nocturno, mullido
y turbio
que removemos.

Que conducimos
para mirarlo gesticular. Un oso viene hasta la feria
y de aquí nos observa: sus gruesas patas inquietas,
como entre vidrios.
Conocemos su danza y no es ahí
donde se muestra; sin embargo asentimos,
difusamente olvidamos.
O tal vez al voltear
vemos la quieta luz frente al equilibrista. Titubeamos
por él. Por él soltamos la esbelta vara.
En él sentimos el tiempo
trastabillar.

¿Pero quién gime o canta en esa sucia, diminuta, barraca?

Nada de ello entrevemos, nada
desentrañamos. Y alguien se acerca ya,
y entre los puestos húmedos
nos conduce.
Algo ahí nos remueve.
Algo nos obliga a voltear.

彼處並非應舞之地

那畜牲。
那為我們所翻動的
黑暗、鬆軟
而又混濁的濃稠。

熊來到集市
在這裏端詳我們，我們想要駕馭
和觀察它的舉動：不安而粗壯的雙爪
揮舞在玻璃間。
我們見識過它的舞蹈，彼處並非它的
應舞之地；但我們已模糊地遺忘，
並且同意。
或許在鏡頭翻轉處
我們看到了走鋼索者面前平靜的光。因為他
我們猶豫。因為他我們鬆開了手中的纖細長竿。
我們感受到了時間，在他身上
搖擺。

但是誰在這又髒又小的茅屋中嗚咽和歌唱呢？

我們甚麼都沒有看到，甚麼
都沒有領悟。某人業已行進，
在潮濕的環境中
引領我們。
某物在彼處翻動我們。
它迫使我們改變。

Dame, tierra, tu noche

En tus aguas profundas,
en su quietud
de jade, acógeme, tierra espectral.
Tierra de silencios
y brillos,
de sueños breves como constelaciones,
como vetas de sol
en un ojo de tigre. Dame tu oscuro rostro,
tu tiempo terso para cubrirme,
tu suave voz. Con trazos finos
hablaría.
Con arenas de cuarzo trazaría este rumor,
este venero entre cristales.
Dame tu noche;
el ígneo gesto de tu noche
para entrever.
Dame tu abismo y tu negro espejo.
Hondos parajes se abren
como fruto estelar, como universos
de amatista bajo la luz. Dame su ardor,
dame su cielo efímero,
su verde oculto: algún sendero
se abrirá para mí, algún matiz
entre sus costas de agua.
Entre tus bosques de tiniebla,
tierra, dame el silencio y la ebriedad;
dame la oblea del tiempo; la brasa tenue

給我，土地，你的夜

在你幽深的水中，
在它玉般的
沉靜中，迎接我，靈的大地。
寂靜的大地
閃爍，
如同瞬間的夢境
如同太陽與星空穿過獵豹的眼睛。
給我你黑暗的面孔，
你覆蓋我的清澈的時光，
你溫柔的嗓音。完美的筆觸
我曾說過。
流過水晶的泉水，
我曾用石英砂描繪過這喃喃低語。
給我你的夜；
讓我能看見夜色中
你火紅的面孔。
給我你的深淵和你黑暗的鏡子。
那深淵如同陽光下
紫水晶的宇宙，如同星空的果實
向我打開。給我他們的熱愛
給我他們轉瞬即逝的天空；
他們神秘的青春：一些道路
將我敞開；一些將我引向海岸邊。
在你幽暗的森林裏，
土地，給我沉默和陶醉；
給我時間之水；那被剝落的閃爍的

y azorada del tiempo; su exultante
raíz; su fuego, el eco
bajo el ahondado laberinto. Dame
tu soledad.
Y en ella,
bajo tu celo de obsidiana,
desde tus muros, y antes del nuevo día,
dame en una grieta el umbral
y su esplendor furtivo.

時間的灰燼，它跳動的
心；它的火焰，它更深的
迷宮中的回聲。給我
你的孤獨。
在其中
在你黑曜岩的熱情的下面
在禁閉你的圍牆中，在新的一天來到之前，
給我，在縫隙裏，在邊界處
它秘密的光輝。

卡柔・布拉喬年表

程弋洋　編

1951 年
5 月 22 日，卡柔・布拉喬(Coral Bracho)出生在墨西哥城。
父親名費利佩・布拉喬(Felipe Bracho, 1922–1961)，是一位礦業和冶金工程師。
母親名安娜・特雷莎・卡爾皮索(Ana Teresa Carpizo, 1930–2012)，從事現代舞研究。

1956 – 1957 年
與父母和兄弟姐妹暫居墨西哥薩卡特卡斯城(Zacatecas, México)。

1961 年
父親在工作旅行中搭乘輕型飛機，因飛機失事身亡。

1963 年
在英國，同母親和五個兄弟姐妹在布里斯托爾(Bristol)附近生活了六個月後，獨自在法國西北部的坎佩爾(Quimper)寄宿學習了八個月。布拉喬也是在坎佩爾開始了與法國詩歌的第一次接觸。

1964 年
回到墨西哥城，進入西班牙流亡者聚集的學校「馬德里學院」(Colegio Madrid)就讀。

1969 年

母親與著名漢學家、伊比利亞美洲大學的創始人費利佩・帕爾迪納斯 (Felipe Pardinas) 再婚。

1970 年

進入墨西哥國立自治大學的心理系學習。

異父弟胡安・埃爾內斯托 (Juan Ernesto) 出生。

1972 – 1979 年

開始在墨西哥國立自治大學的西班牙語語言文學系學習。

在那裏認識了未來的丈夫馬塞洛・烏里貝 (Marcelo Uribe，也是一位詩人，後從事出版業)。

得以師從西班牙黃金世紀詩歌研究大家馬爾基特・弗蘭克 (Margit Frenk)、安東尼奧・阿拉托雷 (Antonio Alatorre)，還在文學創作的過程中得到了胡安・加西亞・彭塞 (Juan García Ponce)、何塞・埃米里奧・帕切科 (José Emilio Pacheco)、海梅・加西亞・特雷斯 (Jaime García Terrés) 以及奧克塔維奧・帕斯 (Octavio Paz) 等人的指點與支持。

1974 – 1977 年

在墨西哥城康普斯・以利沙高中 (Instituto Campos Elíseos) 承擔寫作課程。

1977 年

第一部詩集《暫棲之膚的魚》(*Peces de piel fugaz*) 問世。

與丈夫以及好友帕洛瑪・維耶格斯 (Paloma Villegas) 創立了雜誌《滿桌》(*La mesa llena*)，僅發行兩期。

1978 – 1982 年

參與由墨西哥學院的路易士・費爾南多・拉臘博士 (Dr. Luis Fernando Lara) 主持的系列墨西哥西班牙語詞典編寫。《墨

程弋洋　編

西哥西班牙語基礎詞典》(*Diccionario fundamental del español de México*) 在 1982 年面世。

同期大量閱讀西班牙語、法語和英語詩歌 (波德賴爾、魏爾倫、佩斯、艾略特等)。西班牙語詩歌中，對其影響最大的是古巴詩人何塞‧萊薩馬‧利馬 (José Lezama Lima)。

1981 年

憑第二部詩集《向死的存在》(*El ser que va a morir*)，榮膺「阿夸卡連特國家詩歌獎」(Premio Nacional de Poesía Aguascalientes)。

1983－1990 年

在美國馬里蘭大學承擔本科西班牙語、翻譯和文學課程。

進入西班牙語語言文學博士階段的學習與研究。

與詩人艾略特‧溫伯格 (Eliot Weinberger)、帕切科以及薩烏爾‧尤吉耶維奇 (Saúl Yurkievich) 結下了深厚友誼。

1992 年

出版詩集《燃燒的大地之核》(*Tierra de entraña ardiente*)。

1992－1995 年

擔任墨西哥國立自治大學語文研究學院文學研究中心研究員。

1993 年

出版兒童文學《大海的花園》(*Jardín del mar*)。

1994 年

出版兒童文學《朋友們／先》(*Los amigos primero*)。

1998 年

出版詩集《琥珀的意願》(*La voluntad del ámbar*)。

1999－2000 年
在墨西哥藝術中心承擔藝術史與博物館學本科及研究生的寫作課程。

2000－2001 年
獲得古根海姆獎學金，在紐約進行詩歌學習與創作。

2003 年
與其他詩人共同承擔墨西哥國立自治大學文哲系的講席課程「在墨西哥當詩人」（Ser poeta en México）。
出版詩集《那空間，那花園》（*Ese espaccio, ese jardín*）。

2004 年
憑《那空間，那花園》榮膺「哈威爾·比亞魯迪阿獎」（Premio Xavier Villaurrutia）。
在西班牙和智利出版詩集《那空間，那花園》。

2005 年
在哥斯達黎加出版選集《這晦澀言語打開了它的雨林》（*Esta palabra oculta abre su selva*）。

2007 年
出版詩集《酒店房間》（*Cuarto de hotel*）。
出版兒童文學《蜈蚣去哪裏了》（*A dónde fue el ciempié*，與丈夫馬塞洛合作）。

2007－2008 年
成為墨西哥語文學基金會文學作品專案的第一批受益者。

2008 年
在西班牙出版詩集《酒店房間》。

2010 年
出版詩集《如果皇帝笑了》（*Si ríe el emperador*）。

2011 年
榮膺墨西哥經濟文化基金出版社、加拿大鍛造書寫出版社
和墨西哥作家協會共同頒發的「海梅・薩比內斯─加藤・拉
普特安獎」（Premio Internacional de Poesía Jaime Sabines–Gatien
Lapointe）。
榮膺「薩卡特卡斯國際詩歌獎」（Premio Internacional de Poesía
Zacatecas）。

2013 年
承擔法國圖盧茲大學寫作與翻譯工坊。

2014 年
承擔美國紐約大學西班牙語文學創作碩士課程的詩歌工坊
（拉丁美洲新巴羅克詩歌）。

ISBN 978-962-996-720-8